Manual de supervivencia

Cómo convertir los obstáculos de cada día en una ¡súper vivencia!

Marta Salvat

lll/l grupal

Salvat, Marta
Manual de supervivencia : cómo convertir los obstáculos de cada día
en una ¡súper vivencia! / Marta Salvat. - 1a ed. mejorada. - Ciudad
Autónoma de Buenos Aires : Grupal, 2019.
112 p. ; 21 x 15 cm.

ISBN 978-987-3797-43-9

1. Crecimiento Personal. 2. Espiritualidad. I. Título.
CDD 158.1

Manual de supervivencia
Cómo convertir los obstáculos de cada día en una ¡súper vivencia!

©2013, Marta Salvat
©2018, Grupal Ediciones
Solís 2045 – Ciudad de Buenos Aires, Argentina
Tel.: 54 11 4306-2444 / 4306-2777
www.grupaldistribuidora.com.ar
libros@grupaldistribuidora.com.ar

1ra. Edición en la Argentina: Marta Salvat - Grupal ediciones, julio de 2018.
1ra. reimpresión en la Argentina: Marta Salvat - Grupal ediciones, marzo de 2019.
2da. reimpresión: Marta Salvat - Grupal ediciones, mayo de 2019.

Diseño y maquetación: Mar de Paraules
Edición: Olga Prat
Corrección: Jordi Jové

ISBN: 978-987-3797-43-9

Hecho el depósito que establece la ley 11.723

A Marta, mi hija,
Para que siempre recuerde que es Amor y Luz.

Índice

Viviendo al límite

Malviviendo en la selva

Introducción

Si te encontraras por accidente en la selva, después de la colisión inespera-
da del avión que te llevaba hasta Honolulu para disfrutar de unos días de
merecido descanso o quizás a otra ciudad por motivos de trabajo, y tuvieras
que buscarte la vida para sobrevivir..., no tendrías más remedio que actuar.

Después de los primeros minutos para valorar tu estado y darte cuenta
de la magnitud de la situación, tendrías reacciones diversas que posiblemente te sacudirían emocionalmente. Estarías en *shock*. Y sin nadie cerca.
Al menos a primera vista.

Ponte en situación. No hay más supervivientes. Sientes desesperación.
Pánico. Te puedes permitir unos momentos de desconsuelo, de gritar, llorar, no aceptar, pero sigues estando solo.

Por fin y a pesar de la incerteza de no saber si alguien vendrá a por ti,
de desconocer si cerca hay vida civilizada, de si encontrarás en lo que parece una selva alimentos, agua potable y un espacio lo más cómodo posible
para descansar y resguardarte de posibles tormentas o animales salvajes, de
sentir angustia por no tener un sistema para comunicarte con el exterior...
A pesar de todo esto, ¡actúas!

No existe la posibilidad de no hacer nada. Enfadarte e indignarte es
inútil. Reclamar a la compañía aérea en estos momentos está fuera de
lugar. Luchar contra lo que es, es en vano. Solo tienes una única opción:
aceptar y actuar.

Una vez pactas con la aceptación, el instinto de supervivencia te empuja a moverte, hacia cualquier dirección, a buscar lo básico para aguantar
unas horas, quizás días o quién sabe. Aun con miedo, te mueves. Y en el
movimiento te vas olvidando del miedo, hasta darte cuenta de que dentro
de ti hay una fuerza máxima que te empuja a moverte. Con cansancio
extremo, con mil preguntas sin respuesta inmediata, con sensaciones y
emociones que afloran a borbotones. Pero actúas y te mueves. Y en las pau-
sas para tomar aliento te sorprendes de tu capacidad de reacción y supera-
ción a todos los niveles.

La acción deja las emociones en un plano secundario. Ahora, en este
momento, no son prioritarias. Lo prioritario es moverte. Sin movimiento,
te expones a las inclemencias y al misterio de la selva, a no tener el control
sobre tu vida, por insignificante que se haya convertido en solo unos segundos.

Pero, ¿cómo ha podido suceder esto? ¡No estaba planeado!

Claro, siempre existe la posibilidad de un accidente, pero... ¡Todo iba tan bien! Bueno..., más o menos. Sabías quién eras, tenías un trabajo aunque con muchos problemas, acababas de cortar con la novia, las cuentas en el banco estaban en números rojos, sufrías migrañas los fines de semana... Quizás no todo fuera tan bien. Pero ahora todo eso queda muy lejos.

¿Realmente tenías problemas? Tu nueva situación sí te parece preocupante. Pero no hay tiempo para análisis ni conjeturas. Hay que moverse. Lo que importa ahora es la acción.

Por eso, a pesar del miedo, actúas. Con todas las consecuencias. Y todos los problemas que estaban en tu vida de verdad... ahora pasan a ser totalmente relativos. No sabes en qué dirección ir, pero vas. Intentas encontrar un lugar en el que poder ubicarte, descubrir dónde estás, con quién estás y qué puedes hacer para recuperar tu vida.

La realidad

En nuestra selva diaria (la parte de nuestra vida en la que sentimos que luchamos demasiado), el miedo nos impide movernos, actuar o tomar decisiones para mejorar la situación. Vivimos muchas y repetidas veces situaciones límite que nos deberían motivar a actuar y cambiar, pero el miedo sigue bloqueándonos, las dudas nos torturan y no somos capaces de tomar decisiones. Permitimos, consciente o inconscientemente, que la tribu (los compañeros de trabajo, la familia, nuestra pareja...) decida por nosotros. Pensamos que las cosas ya cambiarán, que en algún momento el viento soplará a nuestro favor. Y nos convertimos en zombis.

En cierta manera nos apoyamos y escudamos en la tribu. Nos olvidamos de que nuestra vida es solo nuestra y que somos responsables de ella al 100%. Nosotros debemos llevar el control. Las riendas son nuestras. Lo podemos hacer mejor o peor, pero hoy es lo que sabemos hacer. Y no hacemos las cosas mal adrede, ni herimos a posta, pues sabemos que trae consecuencias a largo plazo. Hacemos y deshacemos según nuestro nivel de conciencia actual. Sin más.

Vivimos nuestro camino aprendiendo y evolucionando, cada uno a su velocidad, pero ante todo honrando la vida que se nos ha dado. Y en esta honra está el poder que tenemos sobre nuestra vida y la reflexión de que evidentemente tampoco podemos tomar ni manipular la vida de otros ni a un mínimo nivel. Ceder el control de nuestra vida (inocentemente podemos hacerlo solo con una simple toma de decisiones: dejar que los padres decidan nuestra carrera, permitir que alguien nos falte al respeto, ceder ante las opiniones del cónyuge…) es dar a los demás el poder sobre ella, volviéndonos vulnerables y esclavos a sus deseos, pues de no satisfacerlos, llegaría el enojo y el enfado, y el malestar que ello conlleva.

¿Qué tiene que sucedernos para reaccionar y movernos? ¿Es necesario tocar fondo? ¿La vida nos tiene que poner en una situación de límite extremo, o de vida o muerte? Esta es la diferencia con la selva de verdad. Allí, completamente solos, expuestos al peligro (a lo desconocido) y totalmente vulnerables, decidiríamos (qué remedio) y nos moveríamos.

Aquí, en nuestra vida, seguimos sin afrontar el miedo.

Kit de supervivencia

En estas páginas tienes los recursos para sobrevivir en una selva, isla u otro decorado que sientas como extraño durante la mayoría del tiempo. Hay personas que, en lugar de sentir que están en una selva, identifican ese entorno como si se tratara de otro planeta. Realmente sienten que no encajan, con casi nada ni nadie. Si este es tu caso, el manual también te servirá. Para adentrarte en él sólo necesitarás una **mochila** imaginaria que contenga:

- Una brújula para sentir el camino que debes tomar.
- Una piedra por cada trauma y herida vividos. No te preocupes por las piedras que debes poner en la mochila, ya están allí. Además, con el tiempo haremos trueques con ellas, ya que los pesos enlentecen la marcha y no nos dejan ser objetivos al tomar decisiones.
- Pintura de camuflaje.
- Un pequeño pañuelo blanco con el que te identificarás al entrar en contacto con otros personajes. Significa que vas en son de paz.

Ya tienes tu mochila. Verás que en su exterior hay una etiqueta que pone: "En caso de emergencia avisar a…". Curioso. No pone ningún nombre, pero ya descubrirás lo que significa. Así que llega la hora del viaje. Nada de medicamentos, alimentos, agua, teléfonos móviles, radios o similares. Estás en la selva. Con tu mochila y este manual de supervivencia. No te preocupes, te acompaño.

¡Es hora de transformar la supervivencia en una **SÚPER VIVENCIA!**

Vocabulario básico en la selva

- **Chamán**
Personaje que domina todo tipo de rituales, energías, y que tiene contacto con los espíritus de todos los seres, animados o no. Normalmente vive en medio de la naturaleza. Es amante de la soledad y un muy buen consejero.

- **Ciclo**
Tiempo de vida. Tiempo que dura una situación, una relación o una etapa de la vida. Los ciclos van acorde y cambian al mismo tiempo que cambia el nivel de consciencia de la persona.

- **Espejismo**
Ilusión óptica. En la selva, con moraleja incluida.

- **Fluir**
Dejarse llevar por lo que la vida trae en cada momento. Nos dejamos fluir mientras caminamos hacia un objetivo. Lo que nos venga en esa vía lo consideraremos ayudas y señales que nos indicarán o facilitarán la marcha.

- **Fuente**
Origen de la energía, de todo lo que es y existe. Podemos llamarla como más cómodamente nos sintamos: Inteligencia Infinita, Vida, Universo, Dios, Amor Absoluto...

- **Meditar**
Respirar con consciencia, no por casualidad. Estar atento a lo que ocurre en nosotros cuando respiramos.

- **Moraleja**
Mensaje oculto detrás de una experiencia o lección que sirve para comprender y evolucionar. Si no se descubre, hay que repetir la lección, con otros personajes y en otro entorno, tantas veces como sea necesario hasta entenderla y asimilarla.

• Tribu

Conjunto de familias que deciden vivir en comunidad. También podemos llamarla *clan*. Hay todo tipo de tribus: tribus amigas, tribus corruptas, tribus marginadas, tribus urbanas, tribus laborales...

• Piedra

Trauma no superado. Cada piedra representa un trauma o una emoción muy intensa vivida, que no se ha aceptado o perdonado, lo que provoca consecuentemente una herida abierta que con el tiempo se va haciendo más difícil de sanar y a la que cuesta más acceder, aunque no es imposible. Somos lo que somos por las piedras que llevamos. Si no intentamos deshacernos de ellas, con el tiempo aumentarán de peso (ver más información en el manual "Máster en la selva").

• Rol

Papel que cada uno desempeña en según qué contexto, bien sea familiar, laboral, entre amistades o respecto a la pareja.

• ¡Súper vivencia!

Ante una situación poco favorable, que nos desubica o nos hace sufrir, la opción –siempre existe– de vivirla de una manera constructiva, de tomarla como una oportunidad para sacar lo mejor de nosotros, con una actitud positiva y de gratitud por todo lo que aprendemos de ella. Con ella aplicamos voluntariamente las moralejas.

• Vampiro

Personaje que se crece y alimenta de la energía de otras personas. Tiene debilidad por un tipo de presa en concreto (seres con baja autoestima y con tendencia a sentirse culpables). Hay vampiros en todas las tribus, aunque si la tribu no lo permite, no puede ejercer como tal. No tiene más remedio que rehabilitarse si quiere seguir en ella. Puede estar camuflado en muchos roles.

En la selva

Cómo aprender de ella

¿Por dónde empezar?

Estás en la selva. Desorientado. Para nada contabas con esta experiencia. No estaba en tus planes. Estás solo, o eso parece. No conoces el entorno. No sabes lo que hay a quinientos metros de ti y lo que haya, quizás no te guste.

Empiezan a surgir pensamientos que te generan emociones de angustia, inseguridad y miedo. La dimensión de la situación te supera. No sabes qué hacer ni por dónde empezar.

Estás sentado sobre una piedra, observando lo que tienes alrededor. En otras circunstancias quizás te gustaría estar precisamente en este lugar, disfrutando de la naturaleza, de unos días de descanso. Pero con estas condiciones no te apetece nada seguir aquí.

Los sonidos que te llegan de quién sabe qué animales te asustan. Vienen de todas partes, no los puedes controlar. ¿Serán aves, rastreadores, depredadores...? Aunque todo son suposiciones, porque de momento no has visto nada. Solo los sientes.

Parece una escena de película, surrealista. Porque además tienes a tus pies una mochila que pesa un montón porque está llena de piedras. Y no solo eso: dentro hay un kit de supervivencia, aunque sin comida, ni cantimplora, ni repelente de mosquitos. ¡Vaya kit!

Has intentado sacar las piedras de la mochila pero no puedes. Lleva una etiqueta que pone: "En caso de emergencia avisar a...". ¿A quién? ¿Acaso esto no es una emergencia? Es de lo más absurdo, pero qué más da.

Sientes desesperación. Y cansancio. Estás cansado de todo. Esto no puede estar pasando. Te sientes perdido, más de lo que pensabas. Literalmente, estás perdido.

Sabes que puedes seguir sentado en la piedra tanto tiempo como quieras o necesites, pero la selva no va a dejar de existir.

¿Qué sentido puede tener el hecho de que hayas aparecido aquí?

Tienes que hacer algo. Y ese algo es la clave.

De momento no importa lo que sea, pero hay que hacer algo.

Dejar de lado el miedo y los lamentos es un paso. Ahora no hay tiempo para ellos. Más adelante ya los afrontarás. Nada quedará por analizar, no te preocupes. Aquí no hay nadie en quien escudarte, ni para oír tus quejas y reclamaciones. Nadie. Ni siquiera la sociedad, que te tortura recordándote cómo estás y cómo deberías estar, y que te dice todo lo que no tienes y lo que debes conseguir cuanto antes y con el mínimo esfuerzo.

No hay conocidos con los que desahogarte o compartir, no hay familia a la que recurrir. Estás solo. Tu mundo aquí y ahora es la selva. Este es tu presente. Y en cada presente debes tener un objetivo, por pequeño que sea. Si tú no pones el objetivo, lo pondrá la selva por ti. Y si es así, no valdrán los lamentos. Ahora tienes la oportunidad de activarte y de hacer algo por ti mismo en la circunstancia en la que te encuentras.

El paso que decidas dar estará bien. Nadie lo juzgará. Estás solo. Cuando decidas qué hacer, muévete. Si realmente te sientes muy mal, decide un objetivo pequeño, como por ejemplo explorar el entorno y familiarizarte con él, ver qué hay. Proponte algo que creas capaz de conseguir.

Eso será suficiente.

Esta es tu selva, aquí y ahora. Esta es tu película. Esta es tu vida.

Y tú eres el protagonista.

Con el movimiento, con la acción, los pensamientos pasan a un segundo plano. Uno se distrae del sufrimiento ni que sea durante un rato. Y si el objetivo es explorar el entorno, pues se actúa hasta conseguirlo. Luego ya verás qué hacer. Si te conectas con el objetivo que te has marcado, tu vida empezará a cobrar sentido, por lo menos de inmediato, que al fin y al cabo es lo que importa.

Estás en la selva. Ahora no debes tener en cuenta el futuro. Está totalmente fuera de lugar pensar en él. Y lamentarte por tu pasado o por lo que te acaba de pasar es irrelevante.

Importa lo que haces contigo mismo ¡AHORA!

La realidad

Cuando uno tiene la sensación de que realmente (*real mente*, en su mente real) no encaja, siente que es de otro planeta, que las cosas no salen, que es mejor conformarse con la situación actual porque al menos es conocida... Cuando uno se ha adaptado y resignado a ella y desconfía de lo que puede venir, está en la típica situación para que, en breve, la vida lo ponga al límite de su relativo equilibrio y, consecuentemente, de sus emociones.

La vida lo pondrá entre la espada y la pared para que tome decisiones y recupere el control de su vida, para que recuerde quién es, sus posibilidades y para qué está aquí. Así es.

Llamaremos a estas situaciones *límite*: se pueden interpretar como un aviso por megafonía de que algo va mal, de que hay que cambiar y ponerse manos a la obra.

En cualquier área de nuestra vida (laboral, pareja, salud, familia, amistades…) podemos vivir una situación difícil, antinatural, que nos incomoda o incluso nos hace sufrir, que nos aleja de nosotros mismos y en la que no somos auténticos. Por ejemplo, al posponer una y otra vez una simple toma de decisiones, al no saber qué estudiar, cómo sacar la empresa adelante, cómo conseguir más ingresos, cómo cortar la relación de pareja, al desconocer cómo poder convivir con alguien armoniosamente, cuando se trata de lograr un puesto de trabajo, o se trabaja en algo que no gusta y no se sabe cómo cambiar la situación, al superar un problema de salud… Vivimos con angustia estas etapas, pero no decidimos nada. Por miedo. Por inseguridad. Por no saber muy bien cómo hacerlo. O por dudar sobre si la decisión es la acertada o no. Y mientras, el tiempo va pasando. Lo que hace unos meses nos parecía un problema normal hoy se ha convertido en uno mayor.

A veces podemos creer que un problema muy grande necesita una solución de la misma magnitud, y ante esta reflexión lo dejamos a merced del tiempo. Aunque esta es una opción, si intentamos dar un pequeño paso invitando a un posible cambio que nos aligere un 1% la carga que llevamos, es posible que la situación mejore. Es un riesgo que vale la pena vivir.

Dejar que las cosas se arreglen por sí solas, en según qué ocasiones, puede funcionar. Pero cuando está en juego el equilibrio y la paz emocional y mental, toda inactividad es contraproducente.

Hay que hacer algo. Lo que se ha hecho hasta ahora ha servido para que la situación sea la que es en este momento. Y no parece que vaya a cambiar. Creer que el exterior cambiará por sí mismo es de ingenuos. No todas las personas cambian (y si lo hacen, quizás no sea a nuestro gusto, así que es mejor dejar que sean como quieran ser), ni la mayoría de los problemas se resuelven de la noche a la mañana. Si lo que estamos viviendo no nos gusta, hay que rectificar. Es nuestra responsabilidad. Y ya sabemos que rectificar es de sabios.

Entonces llegan las dudas. Hasta se duda de uno mismo. Porque puede que la decisión que se tome y se lleve a cabo no salga bien. Pero alguien tiene que mover ficha. Y ese alguien eres tú, pues si permites que los demás muevan ficha en tu película, dependerás siempre de lo que sientan y hagan. Dependerás de su perspectiva. Y entonces no habrá lugar para lamentos ni quejas. No podrás reclamar a nadie.

Al fin y al cabo la vida es de uno mismo. Y hay que actuar.

Pero ¿qué debes hacer?

Pues algo diferente a lo que hayas hecho hasta ahora.

Buscar soluciones mentales y técnicas en según qué momentos no sirve. Además, debido al estrés emocional y al cansancio mental y físico, puedes no ser objetivo. Tener en mente conjeturas, suposiciones, dependencias, posibilidades, recuerdos de resultados pasados... no es práctico. Y ante tanta actividad mental, no te mueves. Te colapsas. Sigues igual. O te distraes en otras cosas provocando que el problema sea cada vez más importante. Puesto que has dejado la responsabilidad de decidir y actuar provisionalmente desactivada y otros la toman por ti, tu vida ya no está en tus manos. Pero ¿qué hacer? ¿Cómo encontrar un camino más natural que no te impida actuar? ¿Qué puede ser más fácil?

Sentir.

Así de simple.

Sentir lo que te gustaría hacer. Lo que quieres hacer realmente. ¿Es aquí donde quieres estar aquí y ahora? ¿Cómo te gustaría que se resolviera esta situación?

Responder da pereza. Responder da miedo. Porque una vez verbalizamos lo que sentimos y queremos, es cuando salimos a la luz y nos permitimos ser nosotros mismos. Y entonces hay que hacer algo. Ser coherentes y actuar.

Si no nos mostramos, no nos comprometemos a nada y no nos implicamos con nosotros mismos. Debemos sentir. Actuar. Tomar decisiones.

Y ser coherentes con lo que queremos, sentimos, y con la decisión tomada. Permitirnos ser auténticos. Sin más.

Huir o hacer ver que la situación que nos preocupa no existe, no sirve. De ser así no evolucionaríamos, pues gracias a las situaciones difíciles tenemos la posibilidad de sacar lo mejor de nosotros mismos. Desaparecer del mapa tampoco funciona. Puedes camuflarte en la selva durante algún tiempo, pero el problema pendiente de solucionar vendrá a ti estés donde estés. Y de la misma manera en que te has camuflado, el problema vendrá disfrazado de otro personaje o situación.

Tendrás que afrontarlo de nuevo. No hay escapatoria.

Si sientes que no es aquí donde quieres estar, o sí pero no con estas condiciones o con estos personajes, cambia. Siente.

Pero hay más. En este momento de dudas la mente te recuerda que tienes responsabilidades. Responsabilidades, pactos, compromisos, promesas, condiciones..., todo es lo mismo, un lastre que pasa factura a largo plazo. Pero las responsabilidades son una cosa y el boicot es otra. Las excusas son gratuitas, no comprometen a nada y ¡funcionan! Cada responsabilidad te obliga a seguir donde estás y, por tanto, el problema se eterniza hasta que supuestamente termina. No obstante, es muy probable que al caducar una responsabilidad adquieras otra, y así vayas olvidando lo que te gusta, lo que realmente te hubiera gustado hacer en algún momento de tu vida. Aunque a nivel consciente aceptemos esta situación, el subconsciente la vive y transforma en tristeza, depresión, enfermedad... Porque un deseo no materializado trae muchas consecuencias, sobre todo a largo plazo.

En cambio, los deseos expresados deben ir acompañados de una acción e intención de conseguirlos (aun no sabiendo cómo) y de una coherencia total en todo lo que pensamos, decimos y hacemos durante el camino hacia su logro. Y eso requiere mucho trabajo. Por eso solemos escudarnos en cualquier motivo que sea creíble.

¡Súper vivencia!

Si reconocemos que tenemos unas responsabilidades que no podemos desatender y que son prioritarias en nuestra vida, debemos tener en cuenta que estas no tienen por qué obstaculizarnos el querer iniciar un camino para lograr algo que anhelamos desde hace tiempo o que consideramos que ahora mismo nos haría sentir más felices. Por insignificante que sea. Puede ser mejorar una relación y prepararse para ello, empezar un trabajo o estudiar la carrera que siempre hemos querido cursar. Todo se puede conseguir. Podemos encontrar fórmulas que nos ayuden a organizar nuestro tiempo, a ser más eficaces. Podemos pedir colaboración o ayuda a alguien de confianza. Nunca es tarde para empezar. Solo dando un primer paso, el camino ya se hace más visible. Lo vemos posible.

Y en el camino al objetivo nos dejaremos fluir.

Cuando ya estamos decididos a intentar conseguir nuestro deseo, cuando hemos tomado el sendero, en él nos encontraremos con ayudas, sorpresas, complementos, nuevas ideas, letreros que nos propondrán una ruta más fácil, indicadores de velocidad que nos alentarán a seguir la marcha o semáforos en rojo que nos pararán para que valoremos nuevas opciones.

Fluiremos dentro de la acción. Estaremos atentos a todo lo que nos viene como una señal de que vamos bien o de que es mejor cambiar de perspectiva.

¿Cómo presentarme ante la tribu?

Estás en la selva, explorando, observando lo que tienes alrededor. Te vas familiarizando con los sonidos de las aves, con los colores de la vegetación, con los olores que vienen de la tierra o de las flores, con tu cuerpo moviéndose a través de los árboles y plantas. Sigues asustado. Pero caminas, y lo haces con la mochila a hombros. Pesa mucho. Demasiado. Los hombros te duelen. Te duele todo.

Mientras marchas, tu mente va a mil por hora. Razonas que lo mejor sería encontrar un sitio en el que pasar la noche y cobijarte. Encontrar agua también estaría bien.

De repente te sientes observado. Oyes voces. Te quedas en alerta, intentando identificarlas. ¿De dónde provienen? Miras a tu alrededor para comprobar que no hay nadie cerca. No, pero sigues oyendo las voces. Ajustas la dirección que llevabas para acercarte a ellas. Sientes que acortas distancia. Estás cerca y decides echarte al suelo para no ser visto: prudencia ante todo.

A lo lejos ves un pequeño campamento. Hay personas. Bastantes. Todas están ocupadas. Parece una tribu. Por el momento no haces nada, solo observas. No entiendes sus palabras.

Buscas en la mochila las pinturas de camuflaje. Estás valorando pintarte la cara para pasar desapercibido. Y tienes el pañuelo blanco que podrías atar a una rama. Sigues mirando, sin decidirte. Hay mucha actividad pero dentro de un orden y se respira un ambiente de calma y armonía. Piensas: "si no haces nada te pueden encontrar y a saber, aunque no parecen caníbales". Te puedes pintar la cara y seguir la marcha hasta encontrar otra gente que quizás hable tu idioma. Pero esta tribu no parece violenta. Entonces, ¿por qué deberías pintarte la cara? Puedes ir hasta ellos con el pañuelo blanco alzado, pero... ¿y si no te entienden? ¡Estás tan cerca! Sientes que vas a desfallecer. Te asaltan las dudas. Estás muy cansado. Coges el pañuelo. Pero, ¿por qué iban a fiarse de ti solo por llevarlo? Pueden pensar que llevas armas en la mochila.

¿Por qué tienes que dudar tanto?

La realidad

Aun habiendo tomado alguna decisión y empezado un camino, uno puede seguir sintiéndose de otro planeta, sintiendo que no termina de encajar. Y esto puede provocar más dudas. No importa. Pasará. Aun con dudas hay que seguir. Hay que confiar.

Nada de lamentos. Quejarse implica un desgaste de energía mental, emocional y física. Tenemos el derecho al pataleo, pero solo durante un momento. De nada sirve repetir los llantos ni las quejas un montón de veces. Esto no hará que una situación cambie. Lo que sucederá es que nos sentiremos cada vez más víctimas y pequeños.

¿Es tan importante encajar? Bueno, vivimos en una "supertribu". Podemos camuflarnos y pasar desapercibidos, o podemos involucrarnos en ella, aportar lo mejor de nosotros mismos y nutrirnos de lo que nos ofrece.

El sentimiento de no encajar surge de la comparación que hacemos de nosotros mismos con los demás, pero compararse es peligroso. Cada persona es única, según sus experiencias, conocimientos y su nivel de conciencia. Cada uno es según sus valores. Ni mejor ni peor, diferente. Podemos sintonizar mejor con un tipo de personas que con otras, pero no podemos compararnos. No estamos en un concurso.

La vida no es un concurso. La vida es una aventura. No hay que demostrar nada a nadie. Solo debemos crecer y evolucionar, sentir armonía, amor y felicidad en nuestra vida.

Es prioritario. Pero nos olvidamos de ello.

Supongamos que nos enfadamos con alguien y no queremos hablar con esta persona, al menos por el momento, hasta que se disculpe (porque está claro que la ofensa viene de parte del otro) o hasta que sepamos reconducir la situación (porque el error ha sido nuestro y no sabemos muy bien qué hacer). ¿Cuánto tiempo tiene que pasar antes del acercamiento y la vuelta a la normalidad? Mientras existe esa distancia, hay sufrimiento por ambas partes. Pero ¿la distancia es proporcional a la ofensa? ¿Se puede medir? Cuanta más distancia se cree, mayor será el dolor.

¿Estamos en el punto de demostrar que tenemos razón? ¿Estamos en el punto de no aceptar disculpas?

Solucionaremos esta situación cuando decidamos que no queremos sentirnos mal. No importa de dónde ha venido la ofensa. Importa la paz inmediata en ambas partes.

¡Súper vivencia!

Entonces, ¿cómo podemos relacionarnos cómodamente? Pues es sencillo: mostrando los propios valores de una manera transparente.

El valor es un precio que se pone a algo. Los valores son nuestros principios o convicciones y nos definen como somos. Un valor puede ser la honestidad, la franqueza, la nobleza, la sinceridad, la responsabilidad, la lealtad, el compromiso, el respeto, la gratitud, la humildad...

Los valores son el pañuelo blanco. Nuestros valores personales. Lo que somos. Lo que sentimos que somos. Y no hay que tener miedo a mostrarnos tal como somos. Defendiendo e incluso desarrollando estos valores, sintonizaremos mejor con un tipo de persona u otra.

Pero, ¿qué valores son importantes para nosotros? ¿Somos coherentes con ellos? La integridad es un valor importante: vivir en coherencia con lo que sentimos y pensamos sin dejarnos manipular. Sin más.

Cuando nos escudamos en los valores, mostramos que vamos en son de paz, que somos lo que somos sin pretender ser otra cosa que nosotros mismos. Escudándonos en los valores podemos tomar decisiones con mayor facilidad. Podemos construir una familia, una empresa, un proyecto, lo que queramos. Y el resultado será positivo. Un éxito total. Porque la base serán dichos valores.

Lejos quedarán los beneficios propios sin pensar en los demás. El orgullo no cabrá en la base de datos del negocio.

Probablemente el camino será lento por causa de las dudas. Pero ahí está el pañuelo blanco ondeando los valores y recordándonos que todo lo que hacemos y decidimos es porque somos así. En la familia y en las relaciones no habrá desavenencias porque los valores estarán controlando que haya armonía.

Veamos un ejemplo.

A menudo, ante situaciones laborales que parecen irreversibles, después de buscar múltiples soluciones reconocemos que la causa primera ha sido la falta de valores. Eso no significa que hayamos actuado corruptamente. La situación puede haber sucedido de una manera indirecta. Puede que otras empresas hayan actuado abusando del poder y de su posición, que su acción haya afectado a otras muchas áreas, empresas y personas, y que estas se hayan visto arrastradas por la gran fuerza de la mala gestión. Reconducir la situación es muy difícil. Los efectos secundarios negativos van llegando y lo seguirán haciendo durante más tiempo. De nada sirve lamentarse. El daño ya está hecho y el tiempo va pasando. La energía, el dinero y la ilusión invertidos no se pueden reclamar.

Hay que reconocer la fuerza de cada uno para empezar de cero. No hay otra opción. Aprovechando este renacimiento y aprendiendo de la experiencia y de la nueva coyuntura, primero de todo deberemos pensar: "¿Qué es lo que quiero hacer realmente? ¿Qué tipo de trabajo me haría sentir mejor? ¿A cuántas personas puede beneficiar? ¿Me siento identificado con este nuevo trabajo o esta transformación? ¿Puedo ser yo mismo libremente?".

Tenemos otra oportunidad, puesto que tenemos la fuerza. Y esta oportunidad nos la damos a nosotros mismos. Porque nos la merecemos.

¿Cuál debe ser mi papel en la tribu?

Llegas a la tribu. Has decidido no usar las pinturas de camuflaje y has entrado en el poblado con el pañuelo blanco atado a una rama y la mochila a cuestas. Enseguida te has visto rodeado de hombres, mujeres y niños movidos por la novedad de tu visita. Sigues sin entender nada de lo que dicen. Pero te sientes mejor. Ya no estás solo. Ellos te van a cuidar (supones). Necesitas descansar.

Son gente hospitalaria. Saben lo que tienen que hacer contigo. Seguramente antes habrán llegado más personas perdidas.

Después de tomar alimentos, asearte y descansar unas horas, te sientes mejor. Aunque sigues en *shock*. Estás en medio de otra civilización, sin comprender el idioma (aunque hasta ahora las palabras no han sido necesarias), sin noticias del exterior, sin poder contactar con los tuyos, sin esto, sin aquello... Te mareas. Sientes una repentina angustia. Esto es demasiado.

Conoces al jefe de la tribu, un personaje peculiar. No es muy mayor pero respira sabiduría. Entiende un poco tu idioma y te dice que ahora eres un invitado, hasta que decidas si quieres marcharte o quedarte. Ellos te aceptarán. Has llegado en son de paz y así lo sienten.

Lo avasallas a mil preguntas. ¿Cómo podrías comunicarte con los tuyos? ¿Dónde estás? ¿Cómo puedes recuperar tu vida? Él comprende tu sufrimiento pero te dice que sólo puede ayudarte, aquí y ahora, a conectar con lo que tienes. Te dice que esto es lo que te ha traído la vida ahora. Que tienes que entender el porqué y qué es lo que debes aprender de ello. Te invita a que te tomes tu tiempo. Dice que él estará aquí para lo que necesites. Mientras, te anima a que te integres en el poblado.

Debes calmarte. Aquí y ahora es lo que importa. Es lo más inmediato. Es lo que es. Es lo que hay. Tienes la opción de coger la mochila y seguir tu marcha o descansar unos días en este lugar.

Te quedas. Así podrás recuperarte y tendrás tiempo para intentar sacar las piedras de la mochila, porque con tanto peso te cuesta andar.

Observas el poblado. Lo sientes. Hay calma y alegría. Cada persona parece tener una tarea clara asignada. Los niños hacen de niños. Los adultos realizan las tareas básicas y activas del poblado, y los ancianos son tratados con mucho respeto, pues instruyen a los pequeños y aconsejan a los adultos. Todo parece estar en orden. Todo es muy natural. Cada uno sabe quién es quién. Pero ¿por qué te fijas en esto? ¿Qué te sorprende?

La realidad

Una cosa son las habilidades que tenemos y que ofrecemos en nuestro entorno por el bien de todos y otra muy diferente es nuestro rol. En nuestra película interpretamos a muchos personajes a la vez. Hacemos de hijos, de padres, de hermanos, de esposa o de marido, de abuelos o nietos... Solo a nivel familiar existen muchas posibilidades que pueden darse a la vez y ser todas compatibles. Y al serlo son naturales, sanas, nos hacen bien.

Pero por alguna circunstancia podemos entrar en una situación de cambio de rol, algo contra natura. Un cambio de rol consistiría, por ejemplo, en ejercer de padres sobre nuestros propios padres (nada que ver con que cuidemos de nuestros padres en la ancianidad), cuando solo podemos ejercer de padres con nuestros hijos. Otro ejemplo: el hermano mayor, por edad y por responsabilidad, tiene el rol del cuidado de los hermanos menores. La situación inversa, aunque no imposible, es antinatural. Implica avanzar en el tiempo una consciencia que tiene su proceso y que no está preparada aún para cuidar a otros, pues primero tiene que desarrollarse naturalmente. De llevarse a cabo esta situación, probablemente supondría para la persona llevar una gran piedra en la mochila.

En el ámbito laboral el jefe o gerente de una empresa actúa como tal respecto a los empleados. No sería normal que un empleado diera órdenes a su superior. Cada uno tiene que saber cuál es su rango y su tarea. Intentar otra posición es tentar a los problemas y generar un estrés innecesario. Es crear un peso a largo plazo. Es provocar confusiones, aunque esto no suceda a nivel consciente.

En sociedad somos vecinos, consumidores, amigos... Si vamos como invitados a un evento, ejerceremos y actuaremos como tales.

A nivel de pareja, aunque los roles son obvios, no resulta tan fácil asumir sólo ese papel. Somos esposa o marido, y así nos comportamos y desarrollamos. El marido no ejerce de padre de la esposa ni esta de madre del marido (no se debe, pero a nivel inconsciente esta mecánica se refleja en muchas parejas). Si la pareja decide no seguir conviviendo, pasamos a ser el padre o la madre de los hijos en caso de que los hubiere, o simplemente el o la ex. Y como tales, debemos actuar coherentemente. Dejamos de tener el rol de marido o esposa y se crea una distancia. El hijo sigue siendo hijo y no el sustituto del padre o de la madre (rol que a menudo y también inconscientemente se toma para amortiguar el dolor del progenitor y que, a la larga, será otra piedra en la mochila). Ahora, los ex pueden adquirir el rol de amigos o simplemente dejar de tener contacto.

Cuando tenemos un rol que nos hace sufrir, puede que estemos en el rol equivocado o que este sea incompatible con otro rol que ya ejercemos. Entonces, el sufrimiento nos muestra la respuesta y nos indica que debemos volver al rol original.

Por ejemplo, ¿es compatible hacer de esposo y de amante de otra persona a la vez? Si a todos los implicados les parece bien, no hay problema... Pero en el momento en que sentimos que no es una situación natural y que nos hace sufrir, es que no es compatible.

¡Súper vivencia!
Ser conscientes del rol que tenemos en cada ámbito de nuestra vida y de las responsabilidades que conlleva el llevarlo a cabo lo mejor posible, nos hace sentir en paz y contribuye a poner las cosas en su sitio en el momento de tomar decisiones.

Definir nuestro rol y el de los demás respecto a nuestra vida ayuda a que podamos poner límites que nos permitan recuperar parte de nuestra libertad e intimidad. Y con ello reconquistamos parte de nuestra vida.

¡Los animales no me dejan en paz!

Vives en el poblado. Llevas unos días allí y ya te has recuperado del cansancio. Estás más calmado. Has medio aceptado la situación en la que te encuentras y te integras satisfactoriamente en esta vida provisional. Ayudas en todo lo que puedes y, aunque sientes que este no es tu sitio, decides quedarte un poco más. Pasas muchos ratos de tertulia con el jefe del grupo, no solo por la facilidad que supone hablar el mismo idioma, sino porque te tranquiliza escucharlo. Y él, gustosamente, te dedica su tiempo.

No consigues entender dónde estás, en qué parte del mundo. Pero parece que a él no le importa mucho. Cuenta que su tribu siempre ha estado aquí. Hay otras, unas más cerca que otras, pero no sabe si más allá de lo conocido hay algo. Imagina que sí porque llegan muchas personas que se han perdido, igual que tú, y luego se van. Supone que regresan a sus tribus.

Habláis de comportamientos, de la calma que se respira en este sitio. De la paz y naturalidad en cada uno de los miembros del clan.

Te pregunta cuántas piedras llevas en tu mochila, ¿La ha visto? No. Te explica que todos los que os habéis perdido llegáis con mochilas muy cargadas. Te asegura que no debes preocuparte, porque pronto vas a poder sacar alguna piedra, o al menos conseguir que reduzcan su tamaño; de lo contrario, se te haría muy difícil seguir tu camino. Dice que conoce de qué tipo de piedras se trata desde hace mucho. "Si no las consigues sacar, con el tiempo aumentan de peso". Habla de que seguramente estás aquí por causa de las piedras, no por casualidad. "No, claro –piensas–, es por el accidente de avión". Insiste en que nada es casualidad. La vida sabe lo que quiere de nosotros y nos pone en el lugar correcto para que podamos sacar lo mejor de nosotros. ¡Pues menuda broma!

Durante estos días dispones de mucho tiempo para pasear y pensar en ti mismo. Estás bien en el poblado pero, no obstante, no te acostumbras a los animales que hay alrededor. Te asustan, no sabes qué hacer con ellos. Te perturba que lleguen y desaparezcan. Están por todas partes y, cuando menos te lo esperas, están a tu lado. Te observan y se van. O se quedan un rato mirando qué es lo que haces. ¡Y hay tantos sonidos que no identificas! Pero supones que con algo más de tiempo te habituarás.

Y sigues pensando en las palabras del jefe de la tribu. ¿Qué ha pasado en tu vida para llegar a este punto? ¿Realmente el que estés aquí y ahora no es fortuito? Sientes que deberías estar totalmente desequilibrado después de lo vivido, pero en el fondo respiras calma, confianza. Aunque no sabes qué hacer. Este no es tu lugar.

Recuerdas que llevas un manual de supervivencia. Coges la mochila para echarle mano y te das cuenta de que... ¡pesa mucho más! ¿Hay más piedras? ¡No, pero pesan más! No comprendes nada. Esto es demasiado. De repente sientes calor. Otra vez te asaltan el miedo y las dudas. ¡Esto es una montaña rusa de emociones! Puedes sentir paz e inmediatamente después sentirte deprimido, falto de energía, lleno de desconfianza y desmotivación. Te sientes incapaz de decidir qué hacer con este volcán en erupción en tu interior. Y a tu alcance no hay tabaco, ni alcohol ni nada con lo que anestesiarte y evadirte de lo que sientes. Lo que sí sabes es que te sientes mal, muy mal.

Lloras. Estás desorientado. Sabes que tienes que decidir qué hacer pero no puedes. Esto te supera. Otras veces ya has sentido lo mismo, pero en otra selva, tu otra vida, que parece lejana en el tiempo. ¡Y solo han pasado unos días! Piensas que entonces no tenías tiempo para afrontar la vorágine de emociones. Simplemente las aparcabas. Y ahora vuelven a salir. Sabes que, aunque estuvieras en otro lugar, seguirían saliendo. Y lo entiendes. Siempre han estado ahí, pero ahora son más obvias e intensas porque no controlas nada de lo que sucede a tu alrededor. Ni siquiera puedes controlar tus emociones. No sabes qué hacer con ellas. Solo sabes que ahí están. Al acecho. Esperando un momento de distracción para salir a la superficie. Crees que ahora podrías derribar paredes (o árboles). Gritarías hasta vaciarte. Y lo haces.

Gritas. Lloras. Sientes desconsuelo. No lo comprendes. Pero lo aceptas. No hay más remedio. Y los malditos animales siguen ahí.

La realidad

Cuando hablamos de emociones, no debemos catalogarlas como negativas o positivas. Son las que son, sin juzgarlas. Es como abrir un estuche de colores y observarlos, desde el blanco hasta el negro, con todas las tonalidades intermedias. Así, en un estuche de colores emocional habría felicidad, alegría, optimismo, aburrimiento, pesimismo, agobio, decepción, dudas, culpabilidad, ira, odio, rabia, miedo... Solo debemos reconocer qué color nos representa en cada momento y cambiarlo si no somos felices en ese estado.

No obstante, para facilitar la comprensión de este capítulo, aquí nos referiremos a las emociones como negativas o positivas.

Partiendo de esta reflexión, cuando afloran a la superficie emociones negativas (entendiendo por negativas las que nos hacen sentir incómodos, las que nos remueven o directamente nos hacen sentir dolor), es momento de pillarlas al vuelo, soltarlas y evitar que vuelvan a surgir. Y en caso de que vuelvan, lograr que sea con menor intensidad. A este proceso se le llama *transmutación de emociones*, y es básico para sobrevivir en cualquier selva o película, y en cualquier escena en la que seamos protagonistas o coprotagonistas.

Las emociones negativas nos indican que algo no va bien. Aparecen como animales al acecho, esperando un momento vulnerable para entrar en acción. No debemos habituarnos a ellas y considerarlas como algo normal en nuestra vida. Simplemente son como un termómetro que nos indica que la temperatura extremadamente alta o baja nos desequilibra. No debemos identificarlas solo con el ámbito personal, de pareja o familiar (aunque nos dejan más huella debido a los lazos afectivos existentes). Las emociones salen en cualquier momento y situación. Bien podemos incomodarnos en el trabajo, en un juicio, dando clases, curando a un paciente, conduciendo en la ciudad, hablando por teléfono con un vendedor de telefonía móvil, o simplemente viendo las noticias en la televisión.

Las emociones negativas más frecuentes son la ira, la soledad, la tristeza, el rencor, los celos, la angustia y el miedo. Tomar decisiones bajo los efectos de estas emociones es totalmente contraproducente, pues estamos sometidos a una manera subjetiva de ver las cosas. Decidimos según nuestro estado de ánimo y únicamente desde nuestra perspectiva.

Cada día podemos estar sometidos a varias emociones negativas a la vez, que incluso pueden llegar a formar parte de una "normalidad", pues nos autoconvencemos de que es lo que toca. Y es que si la situación que genera la emoción no cambia, la emoción persiste.

Si en el trabajo convivimos con un nivel de estrés importante que conlleva angustia, incomprensión, cansancio mental…, puede que creamos que, al tratarse de una situación que varía poco, es normal que nos sintamos así. Nos convencemos de que forma parte del juego. Son emociones relacionadas con el trabajo. Es lo que hay. Las aceptamos como algo normal. Y lo mismo nos ocurre con las emociones que surgen en una relación de pareja que pasa por un mal momento, o las que sentimos viendo las noticias, o cuando nuestro equipo de fútbol ha perdido el partido.

En cualquier escena de nuestra película estamos expuestos a sentir emociones, positivas y negativas. Pero si las que nos molestan, las que nos impiden sentir felicidad son las negativas, ¿por qué no intentamos transformarlas, en lugar de aceptarlas como algo "normal" que tenemos que vivir?

Si rememoramos el día en que nacimos, podemos afirmar que en ese momento llegamos al mundo sin celos, sin inseguridad, sin violencia, sin miedo, sin tristeza, sin rencor, sin angustia…, al menos de una manera aparente. Esas emociones llegaron a nuestra vida con el tiempo, a través de las experiencias y las relaciones con los demás, y en gran medida llegaron durante la infancia.

La educación y la sociedad han hecho un gran trabajo con las emociones y las necesidades afectivas, especialmente durante la fase de crecimiento de la persona. Hábilmente nos han convencido de que no es prioritario conectar con las emociones, que no procede, que hay que controlarse, que son caprichos o rebeldías típicas de personas que están creciendo, o en el caso de los más pequeños, que simplemente no han detectado las posibles carencias que podrían desequilibrarles mental y emocionalmente.

Entonces podríamos concluir que las emociones negativas nos vienen por causas o situaciones externas a nosotros.

Para poder decidir y pasar a la acción, es prioritario sentirnos bien y estar fuera de los condicionantes de una emoción negativa.

¡Súper vivencia!

Si hay un deseo profundo de no volver a sentir lo que nos perturba o desequilibra (por ejemplo, los celos), primero hay que detectar esa emoción justo en el momento en que la sentimos, reconocerla como tal. Este paso implica el 50% del éxito del proceso.

Cuando identificamos esa intensa emoción y reconocemos que no sabemos qué hacer con ella, deseamos por encima de todo que salga de nosotros, pues no forma parte de nuestro ser, de nuestra personalidad, ya que nos hace sufrir. Y si nos hace sufrir, es que no nos pertenece.

Imaginemos que esta emoción ocupa un espacio físico dentro de nuestro cuerpo, por ejemplo del tamaño de una manzana, y en el pecho. Si la sacamos quedará un vacío en aquel lugar y todos los espacios vacíos, por naturaleza, se ocupan por otras formas o emociones, tanto negativas como positivas. Por tanto, no interesa sacar los celos que están en nosotros y dejar ese espacio desocupado, no sea caso que los sustituya otra emoción peor. Lo que necesitamos, por encima de todo y de momento, es sentir paz.

Paz mental.

Entonces, hay que hacer un trueque: cambiar la emoción que nos conecta con los celos por paz mental.

¿Cómo haremos el intercambio?

¿Quién va a querer semejante negocio? ¿Quién me dará paz a cambio de celos?

Ha llegado el momento de confiar. No tienes más cartas. No hay más opciones. Las terapias de autocontrol, los consejos, la respiración…, todo puede ayudar, pero no elimina el problema de raíz.

Sólo sirve el intercambio o la transmutación.

La transmutación de emociones.

Tienes que pedir a la Vida, a la Fuente, al Universo, a esta fuerza mayor que te sostiene, aun no comprendiéndola, aun no sabiendo quién es y qué quiere de ti, que intercambie los celos por paz. Ella ya sabrá qué hacer. Le pides a la Gran Energía que todo lo mueve, a aquello que sospechas que existe por encima de ti, aun sin estar seguro de que existe, que cambie esta emoción

En el momento del desespero, del límite, aparece la rendición. Te rindes. No puedes con esto. Lo entregas.

Y das las gracias de antemano. Siempre tienes que dar las gracias.

El efecto es rápido, efectivo e inmediato.

Aunque este proceso no garantiza que nunca más vayas a sentir celos, te ayudará a que la próxima vez que los sientas, lo hagas con una intensidad mucho menor. Entonces deberás repetir el ejercicio, y así sucesivamente hasta que solo queden sombras y luego ni rastro de los celos.

La confianza en que el proceso funciona es básica.

¡Ayuda!

Al final del libro encontrarás un manual, el "Máster en la selva", con más información sobre cómo realizar la transmutación de emociones (página 101).

¡Parece que todo lo hago mal!

Te integras en el poblado. Aun no siendo tu entorno habitual, te acostumbras a esta convivencia "obligada". La vida diaria conlleva una gran actividad: siempre hay cosas por hacer, y aunque sigues sin entender el idioma de la tribu, parece que no es muy necesario. Todos están muy atentos a tu expresión, a tus reacciones, a tus formas, y tú también te concentras en observar, en ver dentro de cada persona para intentar sentir lo que quiere decirte.

Estos días has aprendido mucho con ellos. Ver cómo viven, cómo se relacionan…, no sabes por qué, pero te remueve. Este aislamiento quizás sí empieza a tener un sentido. Pero sigues sin sentirte bien.

Ellos están alegres, con lo que tienen, con lo que hacen y con lo que son. Ves mucha naturalidad. Y reconoces que tu actitud con ellos es un poco forzada. ¿Quieres agradarles? Ellos no te exigen nada, pero te sientes pequeño a su lado. No están pendientes de tus actos, no corrigen tus torpezas. Simplemente te respetan. Y esto te entristece.

Ni siquiera te sientes en deuda. La situación es de lo más natural, eres uno más para ellos (simplemente has llegado más tarde). Pero eso te hace sentir mal. Eso les hace grandes. ¡Y tú eres tan pequeño! Sientes necesidad de complacerles aunque ellos no te reclamen nada. A su lado no tienes poder. Es como si ellos llevaran el mando de la situación. Y no es verdad.

Haces lo que quieres. Tienes un pequeño rol, tienes tiempo libre, te diviertes en las tertulias nocturnas, tienes grandes conversaciones con el jefe, a quien has identificado como el chamán. Te comenta que, si lo deseas, puedes cambiar el rol que has tomado en la tribu o, si para ti no supone gran cosa, lograr que adquiera una mayor importancia. A ellos les parece muy bien lo que haces, pero te dice que si lo sientes, a medida que te quieras involucrar más y desees dar lo mejor de ti a la tribu para que ella se enriquezca con tus dones, te puedes mostrar más.

¿Dones? ¿Qué podrías dar tú que ellos no tengan?

La realidad

Nos sentimos pequeños porque erróneamente nos comparamos con otras personas que nos parecen más auténticas, más afortunadas, con más éxito, con más suerte, más guapas. Pero seguimos sin estar en un concurso.

La comparación sólo funciona cuando tenemos dos situaciones que se han creado en igualdad de condiciones y que tienen el mismo objetivo. Podemos comparar dos barras de pan que han salido de diferentes hornos y valorar la que más nos gusta. O comparar una cena en dos pizzerías, o dos películas de cine, o lo que queramos, siempre bajo nuestra opinión subjetiva. Pero no podemos comparar personas porque entraríamos dentro de la dinámica del juicio o la crítica, y porque **cada persona es lo que es según lo que ha vivido, su entorno, su educación y cultura y, sobre todo, por el amor que ha recibido y por el amor que no ha recibido**.

Meternos dentro del saco de la comparación es estresarnos gratuitamente. Escudarnos en que no hemos tenido la misma suerte que otros nos posiciona en un rol de víctimas.

Actuar para complacer a los demás por miedo a otras consecuencias y tener necesidad de aprobación nos hace ser esclavos de lo que hacen y sienten los demás. Hacer lo que se espera de nosotros sin realmente sentirlo nos aleja de nuestra identidad y de nuestro propósito en la vida. Buscar en los demás lo que creemos que nos falta nos convierte en vampiros.

He aquí... ¡la falta de autoestima!

La falta de confianza en uno mismo. El olvido de quién es uno.

El día en que nacimos, ¿lo hicimos con la autoestima alta o con un sentimiento de inferioridad? Es difícil de valorar. Decidamos que éramos seres vírgenes y que la autoestima empezó a deteriorarse en alguna fase de nuestro crecimiento, bien fuera en la infancia o en la adolescencia. De la misma manera que este deterioro ha sido como una "enfermedad adquirida con el tiempo", la podemos sanar para que salga de nosotros, puesto que no forma parte de nuestro ser. Es algo que se ha pegado a nosotros.

Podríamos analizar cuándo y por qué se activó la falta de autoestima, un proceso largo con el que se llega a muchas conclusiones y, sobre todo, con el que se consigue sacar alguna piedra de la mochila.

Pero lo importante es lo que sentimos que somos hoy, aquí y ahora.

A pesar de lo vivido.

Qué sentimos que somos, quiénes somos.

Lo que se vivió en el pasado sucedió de esa manera porque no sabíamos hacerlo mejor. Actuamos o comprendimos según nuestro nivel de consciencia en ese momento. Y por eso debemos perdonarnos y liberarnos de la culpa. La culpa nos bloquea, nos limita y nos condiciona en nuestros actos y decisiones. ¿Necesitamos que alguien nos perdone? ¿Realmente necesitamos que otra persona nos libere de una carga?

Si consideramos que hemos actuado mal en alguna circunstancia, en lugar de culparnos una y otra vez, es mucho más eficaz y sanador perdonarnos a nosotros mismos por no haber sabido actuar mejor, por el daño que nos hemos hecho y por el posible daño que hayamos podido hacer a terceros. Depender del perdón de alguien hace que le demos poder, que tome el mando de la situación y que nos perdone cuando, como y donde quiera. Es darle mucho poder. Es sentirnos muy pequeños y, quién sabe, puede que además esa persona nos conceda el perdón sin sentirlo de verdad desde el corazón, con lo que aún es peor.

Si hay ocasión de disculparse (tanto si la persona está viva o no), es mejor hacerlo, puesto que ayuda a romper lazos negativos. Existe el riesgo de que la persona que debe conceder el perdón esté en su ego y decida no perdonar, o hacerlo más tarde, cuando le parezca bien. Puede ser dentro de mucho tiempo, durante el cual lo podemos pasar mal debido a nuestra necesidad de ser perdonados.

Por lo tanto, es mejor perdonarse a uno mismo y sentirse libre de peso para seguir el camino. Llegados a este punto, aceptaremos que hemos hecho todo lo posible.

¡Súper vivencia!
La inseguridad o la culpa generadas por la falta de autoestima se pueden canjear como ocurre con las emociones. También podemos hacerlo con la necesidad de complacer, de controlar, de reclamar, la inacción por un bloqueo… Son actitudes y sentimientos que, a nivel subconsciente, hemos tomado para intentar recuperar el control de nuestras vidas, para sentirnos alguien y hacernos un espacio en medio de la selva. Hemos actuado así para sobrevivir a un gran dolor y a la ausencia de amor y de comprensión vividos algún tiempo atrás. Pero ahora es tiempo de cambios.

Es hora de dejar pasar y no generalizar.

Tenemos que aceptarnos como somos, de una manera auténtica y única, y perdonar el pasado reconociendo que es parte de nuestra manera de ser; perdonarnos reconociendo que no supimos hacerlo mejor; conectar con el presente aceptándolo como lo que es; sentir que estamos aquí para algo concreto, no simplemente porque hemos nacido; reconocer que los demás son como son y que si actúan hacia nosotros de una manera que nos ofende o desagrada, no es nada personal. Es porque son como son. Si los ofendidos somos nosotros, entonces el problema es nuestro.

Cuando ocurre esto, debemos favorecer el diálogo, proponiendo un encuentro y una charla que nos permitan conocernos un poco mejor. Provocar un acortamiento de distancia emocional.

No importa que la razón esté de nuestra parte. No hay que demostrar nada. No debemos permitir el sufrimiento.

Solo importa el sentirse bien y en paz.

Moraleja antes de partir

Sientes que el hecho de tener cosas concretas que hacer, por pequeñas que sean, da sentido a tu existencia inmediata. El hecho de tomar decisiones y actuar en consecuencia es relevante para reconocer que la vida es tuya, y de nadie más.

Te has dado cuenta de que en tu vida no siempre has actuado con el rol que te correspondía, y esto ha hecho que se creara una carga en ti que te ha condicionado en otras áreas de tu vida. Ahora eso te parece muy evidente, pero lo has descubierto aquí, lejos de tu mundo, lejos de tu selva.

Y respecto a cómo debes actuar en cada momento, sientes que los valores son básicos, que te identifican como lo que eres y piensas. ¡Ahora te parece tan fácil mostrarte con transparencia, sin miedos, sin filtros ni juicios! Y si estos aparecen, es cuestión de ir soltándolos y canjearlos por paz mental, por armonía, serenidad, alegría, amor…

Sí. Llegar a estas conclusiones te ha permitido sacar unas piedras de tu mochila.

Estás preparado para seguir caminando.

Las etapas del camino

Te has recuperado y te sientes con fuerza para seguir tu camino. Sigues sin saber dónde estás. Bueno, estás en la selva, está claro, pero piensas que quizás ahora será más sencillo encontrar otro camino, una manera de recuperar tu vida o alguien que te indique cómo llegar hasta ella.

Sientes que en el poblado ya has hecho lo que tenías que hacer. Agradeces a todos de corazón la ayuda prestada. El chamán te invita a que dejes en el río las piedras que has conseguido sacar de tu mochila, para que el agua las siga puliendo. No van a desaparecer, igual que no podemos cambiar nuestro pasado, pero nos recordarán lo que hemos aprendido de él.

Hablando del camino, le preguntas cuál es el mejor para llegar al siguiente poblado. "Depende –responde–. De lo que sientas, de lo que quieras hacer, de lo que quieras conseguir". ¡Uf, siempre igual! Empiezas a sudar y a sentir ansiedad... Respiras.

En la despedida recibes el cariño de todos y te ofrecen un paquete con comida. Comida para un día. Comida para hoy. Pero ¿y si tardas más de un día en llegar a otro poblado? Dudas de si irte o quedarte un poco más. ¡Esto es agotador! Te das cuenta de que si reanudas la marcha estarás expuesto otra vez a la selva, a un espacio desconocido, a la soledad, al no-control de la situación. Pero no hay más remedio. Si sigues en el poblado no parece que las cosas vayan a cambiar. Y quizás encuentres fuera la oportunidad de recuperar tu vida. Debes intentarlo. Siempre estás a tiempo de volver si las cosas se ponen feas.

Cargas la mochila y empiezas de nuevo. Lo haces con menos peso y esto te reconforta, pues no solo se trata del peso físico. Te sientes un poco más libre.

Inicias el camino. Te adentras otra vez en la selva, en su densidad, su poder. Ya estás un poco más habituado a los animales. ¡Qué curiosa es la naturaleza! Su ritmo, su misterio, sus caminos, sus sorpresas... Es la vida misma, auténtica. Su ley es universal. Todo nace, se desarrolla y muere. Muere para dar paso a otra vida, a otra situación, a otra relación, a otra experiencia ni mejor ni peor, solo diferente. A otro ciclo.

"¿Por qué no confío en la vida? –te preguntas–. ¿Por qué no confío en que todo tiene su proceso y su tiempo?".

Quizás es por el peso que llevas en la mochila. Ahora ya sabes que cargas con experiencias que te han marcado. Allí donde vayas, ellas van contigo. Puedes cambiar de entorno, de poblado, pero esto no cambia el contenido de tu mochila.

Sí, lo sabes. Pero ¿cómo olvidar las experiencias que te han marcado? ¿Cómo hacer espacio para lo nuevo? ¿Todo esto está relacionado con la poca confianza que tienes ante las cosas? ¿Crees que decides mal por lo que has vivido anteriormente y porque estás condicionado?

La realidad

Hacemos y deshacemos sin mucha consciencia. Nos relacionamos con amigos, familiares, compañeros de trabajo... y aceptamos que hay personajes que van entrando y saliendo de nuestra vida para siempre, porque ya no tiene sentido que estén, porque adoptan un papel secundario o porque fallecen.

Pero, ¿somos conscientes de este proceso? Las relaciones, independientemente del tipo que sean y de su duración, suponen un ciclo. Siempre hay un antes y un después. Y este ciclo conlleva una experiencia siempre constructiva, aunque en algún momento no queramos reconocerlo. Las relaciones existen por algo. Para crecer, aprender, evolucionar, con o sin dolor. Todo depende de la situación y de cómo la vivamos. Aunque aceptemos que algo ha terminado, puede seguir en nosotros mucho tiempo debido a los lazos energéticos que se han creado entre la situación o la persona y nosotros. Si estos lazos dejan un rastro negativo (tanto si uno es consciente de ello como si no) es porque no se ha cerrado el ciclo de una manera natural. Entonces podemos entrar en una etapa en la que revivimos la misma situación una y otra vez, hasta darnos cuenta de que solo ha cambiado el entorno y el personaje, si bien seguimos aún en la misma experiencia.

Si el ciclo se cierra correctamente, se crea un espacio mental y energético que será ocupado por la próxima experiencia que nos toque vivir. Hay que cerrar ciclos para sentirnos libres y en paz con la situación o relación que dejamos atrás. Cerrar ciclos supone atraer un cambio y permitir que las cosas se pongan en su justo sitio de una manera ordenada, como en la naturaleza.

En la vida laboral, podemos cerrar ciclos con un trabajo pasado para favorecer que el próximo sea mejor, o si estamos realizando uno que no nos gusta y queremos un cambio. Esto no supone que deseemos quedarnos sin trabajo. Con este ejercicio y a nivel energético, informamos al trabajo actual que ya hemos cumplido con él y que preferimos estar en otro sitio.

Con las relaciones sucede lo mismo. Cerrar un ciclo con una persona con la que hemos tenido grandes lazos es desearle lo mejor en su vida. Aunque debemos tener en cuenta que, a veces, cerrar un ciclo conlleva un proceso de duelo, tanto si la persona ha fallecido como si no.

Si no queremos cerrar el ciclo porque no lo creemos importante, porque consideramos que no somos nosotros quienes debemos hacerlo sino los demás, estamos razonando desde el juicio o la crítica, invitando a que las próximas experiencias sean más dificultosas.

¡Súper vivencia!
Para cerrar ciclos sólo hay que seguir tres pautas:
1. Responsabilizarse al 50% de lo que ha funcionado y de lo que no ha funcionado en la relación o situación.
2. Honrar la vida de la otra persona o la situación.
   Respetar que tiene su vida y su proceso.
3. Agradecer el tiempo compartido y el aprendizaje que ha conllevado la experiencia

¡Ayuda!

Accede de nuevo al manual "Máster en la selva" que encontrarás en las últimas páginas del libro. En la página 105 encontrarás más información sobre cómo cerrar ciclos correctamente.

¡Una tregua, por favor!

Sigues la ruta. El camino es cada vez más espeso. Y costoso. La verdad es que te incomoda. Solo han pasado unas horas desde que has dejado el poblado y ya te parece una eternidad.

La abundante vegetación te impide ver el camino. Coges un palo para ir apartando las ramas, hojas, lianas… Es una lucha. Y un riesgo, porque quizás por aquí no llegas a ninguna parte. "¿Por qué has tenido que abandonar el poblado?", te preguntas. Era una cosa segura, un espacio que ya controlabas y en el que te sentías cómodo. Incluso puede que con el tiempo te hubieras habituado.

Sigues apartando maleza. ¡Y los malditos mosquitos se te pegan a la piel! Todo tu pasado te parece una tontería comparado con lo que estás viviendo ahora. ¡Cómo lo echas de menos! Descansas al lado de un arroyo. Te sientes agotado. Abrumado. Pero no se trata de un cansancio físico. Hay arañas y hormigas en las piedras. ¡Qué incomodidad! ¿Hasta cuándo durará esto?

La realidad

Los pensamientos son agotadores y pueden acabar con nuestra reserva energética. Controlan nuestra paz mental. Controlan nuestra vida. Son como mosquitos en la selva, como hormigas o arañas. Siempre están allí. Incansables hasta conseguir lo que quieren, les hagas caso o no. En su hábitat, hacen lo que quieren. Normal.

Sí, los pensamientos también están en su casa, que es la mente. Y en esta casa los hay de todo tipo: unos pensamientos pertenecen al pasado y otros, al futuro, pero ambos nos alejan de la realidad. Del presente. Del aquí y el ahora.

No los podemos tocar. Están fuera de nuestro tiempo. No son reales. Solo son pensamientos.

Pocas veces involucramos la mente con lo que estamos haciendo justo en ese momento. Solo si nos gusta mucho lo que hacemos, nos quedamos absortos en ello. En ese momento sí estamos implicados con el presente. Cuando no es así, la mente nos conecta con el pasado, trayéndonos emociones de nostalgia, culpa, lamento, resentimiento, pena, tristeza, falta de perdón y su consecuente culpa… O nos trae ansiedad, estrés o tensión, fruto de la preocupación por conectar con situaciones del futuro: no sabemos cómo se desarrollará alguna situación o desconfiamos de que el desenlace sea satisfactorio, desconocemos si tendremos lo básico para vivir bien, si pasará esto o aquello. Todos estos pensamientos hacen que sintamos en nuestro ser una gran negatividad. Son una válvula de escape porque no estamos conformes con nuestro presente.

Puesto que no nos gusta el presente, nos vamos al pasado o al futuro.

Esto significa que luchamos contra el presente. Luchamos contra lo que es. Y así nos convertimos en esclavos de nuestra mente y de nuestros pensamientos.

Cuando estamos ociosos, sin saber qué hacer, ocupamos el tiempo pensando y divagando, o hablando de este y de aquel. ¿No hay nada más que hacer? ¡Qué peligro!

Si estamos inmersos en nuestra rutina y esta es de nuestro agrado, la mente está apartada, anestesiada, y solo actúa nuestro ser más profundo. Estamos en una fase creativa. Nos sentimos nosotros mismos.

¡Súper vivencia!

Tienes que aprender a no pensar. A relajar la mente. A eliminar pensamientos para que quede espacio libre y puedan entrar nuevas ideas. Para estar más lúcido y, sobre todo, para sentirte libre.

Debes reconocer que cuando no tienes nada que hacer, o cuando no te gusta lo que haces, entonces la mente se vuelve ociosa y empieza a bombardear con sus agotadores pensamientos, que la mayoría de las veces ¡son sentimientos negativos!

Pero, ¿cómo puedes relajar la mente?

He aquí algunas pautas:

- Conecta con el aquí y el ahora.

 ¿Cuántas veces estamos con amigos, con la familia o incluso en el trabajo, y estamos absortos en nuestros pensamientos? No disfrutamos ni aprovechamos el momento presente con las personas que nos brindan su tiempo, o nos evadimos porque no nos gusta con quien estamos, y creamos un mundo de imaginación que nos hace sentir temporalmente mejor. Pero solo es algo temporal. Como el efecto de una aspirina. Cuando la consciencia vuelve a la realidad, nada ha cambiado, excepto nosotros, que nos hemos perdido parte de la película.

- Acepta el presente como lo que es.
Cualquier emoción que pueda surgir de la negatividad o del miedo se puede transmutar, como descubriste en la tribu.

- Honra el presente.
Hónralo como parte de una experiencia que te permitirá evolucionar, por más que no sepas ver cuál es la moraleja.

- Vive el presente como un momento único e irrepetible.
No sabes si se van a repetir las mismas circunstancias, y el presente está aquí para que aprendas. Confía en que el presente que tienes es el mejor para ti, aquí y ahora, puesto que es el que te toca vivir.

- Respira conscientemente.
Disponemos de mucha información sobre los beneficios de una respiración consciente, tanto a nivel físico como a nivel mental o emocional, pero seguimos sin darle importancia.
A veces, solo respirando profundamente tres veces es suficiente para cambiar una actitud y sentirnos preparados para afrontar otra ronda de lo que nos toque vivir.
¿Cuánto tiempo nos puede ocupar respirar profundamente tres veces? Un minuto como máximo. Seguramente lo podrás encontrar en algún momento del día, ¿no crees? Entonces, ¿a qué esperas? En el manual "Máster en la selva" que encontrarás en las últimas páginas del libro encontrarás un ejercicio de respiración profunda.

- Medita.
Lo que nos aporta en positivo la meditación está al alcance de todos, pero quizás la relacionamos como algo difícil de lograr. Cuando empezamos a andar también nos costó bastante, pero no nos acordamos. Tambaleamos, caímos, nos asustamos, pero no nos quedamos en el intento porque el objetivo y el instinto era poder caminar y valernos por nosotros mismos. Pues aquí el objetivo es el mismo, sabiendo que disponemos de recursos dentro de nosotros.
Los recursos internos son respuestas a nuestros problemas diarios. Y solo podemos acceder a ellos mediante la meditación. Hay muchas técnicas de meditación y cada persona debe practicar la que más le convenga y le haga sentir cómoda, en el momento del día que le sea posi-

ble y tanto tiempo como pueda. Pero es importante reeducar nuestros hábitos diarios para incorporar un tiempo para nosotros. Para nuestro cuidado y equilibrio interno.

- Relájate.
Es probable que muchas personas desistan de meditar porque dicen que no se concentran.
Para entrar en meditación debes tener todos los músculos del cuerpo relajados. Cuando lo consigas, te será cada vez más fácil meditar y disfrutar de todos sus beneficios.

¡Ayuda!

Accede al manual "Máster en la selva" que encontrarás al final del libro para tener más detalles sobre cómo seguir estas pautas (página 95).

¡Tengo espejismos!

Avanzas. Y te sorprendes de tus fuerzas y recursos. La mochila pesa un poco menos. Vas aceptando la situación. Te vas integrando en ella. Al fin y al cabo, es toda una experiencia. ¡Y menuda experiencia!

A lo lejos ves una pequeña montaña: quizás desde arriba puedas tener una perspectiva más clara de dónde estás y ver qué hay alrededor. Durante el camino te das cuenta de que llevas bastante tiempo solo. ¿Qué será de los tuyos? ¡Deben seguir tan preocupados por ti! Pero no es momento de pensar en ello. Ahora hay que llegar a la cima de la montaña.

¿Es casualidad que al no estar con los tuyos no te enfadas, ni recriminas, ni criticas, ni juzgas? También es cierto que ahora no te puedes meter con nadie (aparte de los animales, y ellos tienen las de ganar). Entonces, ¿el problema de la convivencia es de los demás? Porque tú estás muy bien contigo mismo.

Recuerdas que constantemente te enfadabas con la gente, con tu pareja (tu ex pareja), y que había personas que no te gustaban nada, pero no obstante tenías que seguir tratando con ellas. De hecho, hay una o dos en tu familia con las que no puedes. Aguantas porque se trata de la familia, si no, otro gallo cantaría. Y en el trabajo pasa lo mismo. Siempre hay alguien dispuesto a poner la guinda del fastidio.

¡Qué lejos estás de todo eso! Y, no sabes por qué, pero lo ves diferente. Relacionarte con los demás era una de tus grandes preocupaciones, no era lo tuyo. Siempre al acecho y encontrando defectos en todos.

Ahora eso te parece irrelevante.

Vas llegando a la cima y en ella divisas una especie de cabaña. ¡Vaya, quizás la habite alguien que te pueda guiar! Con cautela te acercas y la rodeas. No hay nadie a la vista. Pero hay cazos de madera y barro en el suelo. Estarán por aquí.

Dejas la mochila en el suelo y observas el paisaje, por primera vez desde que llegaste a la selva. Desde aquí ves un panorama inmenso y diferente: la vegetación tiene sentido, los mosquitos, los sonidos de los animales… Te sientas en el suelo para descansar. Respiras. Cierras los ojos. Y sientes a alguien respirar muy cerca de ti.

No te mueves. Abres los ojos asustado y giras la cabeza muy, muy despacio. Y entonces ves, a sólo dos metros de ti, sentado también en el suelo con las piernas cruzadas, a un hombre. Lleva el rostro pintado de varios colores, tiene el pelo totalmente blanco y largo recogido en una cola, y una anciana piel de color tierra. ¿Siempre ha estado aquí? Al llegar no lo has visto. ¿Cómo es posible? Bueno, es cierto que siempre estás tan absorto en tus cábalas que a veces no te das cuenta de lo que pasa a tu alrededor.

El hombre parece dormido. Te incorporas y te acercas, situándote frente a él para que cuando abra los ojos estés en su campo visual. No los abre. Crees que es mejor sentarte y esperar. ¿Acaso no te ha oído? Imitas su posición y le observas durante un rato. Está en otro mundo. Parece integrado en la selva. ¡Está claro, por eso no lo habías visto! ¡Forma parte de la selva! Es un elemento más, nada diferente a la vegetación o los animales. ¡Y está tan tranquilo! Así que decides esperar, mientras te invade una increíble sensación de belleza y respeto por lo que tienes delante, a pesar de que no lo conoces. Transmite paz y serenidad.

De una manera natural, lo imitas. Cierras los ojos, respirando y concentrándote en tu pecho cuando lo haces. Sin quererlo, te sientes transportado a situaciones de tu vida en las que tienes a personas delante y no las ves, o las ves y te enfadas porque quisieras que fueran como tú, o les reprochas lo que no te gusta de ellas. Las juzgas continuamente, únicamente porque son diferentes a ti, o porque son mejores que tu. Y te fastidia. Pero están en tu vida. Por algún motivo.

Abres los ojos y ves que el chamán (supones que es un chamán) no ha movido ni un músculo pero también tiene los ojos abiertos. Te está mirando. Te asustas. No puedes articular palabra. Hay una energía entre los dos que no puedes describir. Algo os une. Vuestras miradas están conectadas. Intensamente conectadas. No parpadeas. Y sientes como el cuerpo del chamán se va transformando sutilmente, hasta convertirse en… Parece otro hombre, pero no lo identificas. Y vuelve a su aspecto. Pero su forma vuelve a cambiar. ¡Sí, ahora es otro hombre! Sus ojos te hipnotizan. Estás sudando. El corazón te va a mil. ¡El chamán se ha convertido en otro hombre! ¡Se ha transformado en ti!

Varias veces vuelve a su forma normal, y luego a la tuya de una manera intermitente. ¡Esto es de locos! No puedes mover ni un músculo. Una fuerza mayor te obliga a permanecer así, mirando. Sabes que tienes que comprender algo. El cambio de una forma a otra es cada vez más rápido. ¿Qué está pasando? ¿Qué me está diciendo? Quizás… Sientes cambios en ti. No puedes verte pero los sientes. Hay una conexión enorme entre los dos. Sospechas que tu forma se convierte en la de él. ¡Te ves en él, y él se ve en ti! Las formas se van definiendo. ¡Os habéis convertido el uno en el otro!

Tú eres su espejo y él es el tuyo.
Y pasan un sinfín de imágenes por tu mente.
Comprendes.
Y lloras.

La realidad

Cuántas veces no comprendemos por qué una persona que nos hace sentir incómodos constantemente tiene que estar en nuestra vida. Simplemente no nos gusta, pero de una manera u otra ahí está, con un papel más protagonista o secundario, en la familia, en el trabajo, entre las amistades o conocidos.

Hay personas que, hagan lo que hagan, no nos gustan. O al revés. Hagamos lo que hagamos, nada funciona con ellas. Y por A o por B, no pueden salir de nuestra película. Sin embargo, hay otras con las que nos sentimos muy cómodos. Se crea una conexión familiar (aun no siendo de la familia) y los encuentros siempre se dan en un ambiente de armonía y naturalidad. O incluso habiendo una enorme distancia, nos sentimos cercanos a ellas.

Las personas cuya presencia (u otro aspecto) simplemente nos molesta están en nuestra vida por algún motivo.

Es el efecto espejo.

Reconocer que cada persona de nuestro entorno tiene un sentido para nosotros es básico para que podamos interactuar con ellas con naturalidad y cordialidad. Simplemente hay que comprender, desde la humildad, que estas personas están cerca para que aprendamos algo, por más raro que nos parezca en algunos casos.

Las personas que nos molestan también son un reflejo de una pequeña parte nuestra. Gracias a ellas, esta parte oscura sale a la luz. Entonces, al reconocerla, podemos trabajarla para liberarnos de ella.

Pero creer en la posibilidad de que lo que no nos gusta de los demás es un reflejo nuestro muchas veces puede ser muy duro. Nuestro ego se ve afectado.

¡Súper vivencia!

Mientras sigamos viendo la relación desde el ego, la persona que nos fastidia seguirá en nuestra vida con un papel más o menos importante. O puede aparecer otra persona y reflejar el mismo punto, incluso con mayor intensidad. Y así sucesivamente hasta que aceptemos que se trata de una debilidad nuestra.

Cuando trabajamos esa parte de nosotros que se está reflejando en nuestro exterior (en aquello de los demás que no nos gusta), nos liberamos de una piedra muy grande, pues no solo mejoramos como personas, sino que reconocemos que los demás nos están haciendo de maestros para que podamos aprender y evolucionar. Y agradecemos que estas personas estén en nuestra vida para mostrarnos este lado oculto en lo más hondo de nuestro ser.

Del mismo modo, las personas que nos parecen encantadoras, simpáticas, guapas o geniales están a nuestro alrededor para recordarnos que también nos reflejan esa parte que existe en nosotros. Nos la ensalzan.

Cuanto más entremos en el juego del espejismo, más rápido evolucionaremos, y menos caeremos en las trampas de las críticas o los juicios.

Tampoco debemos olvidar que somos el espejo de los demás. Estamos en sus vidas para mostrarles que somos como ellos, con algunas partes aún débiles, y otras más fuertes y puras.

Todos estamos aquí para mostrarnos algo los unos a los otros.

Supongamos que estamos tomando un café con un conocido y en la mesa de al lado hay dos personas que están entablando una conversación animada. Están hablando de una tercera persona. Comentan todo lo que hace mal, lo que debería hacer, lo que no ha hecho, su manera de ser, sus miserias... ¡La están descuartizando viva! Te incomoda todo lo que oyes. No te puedes concentrar en el amigo con el que has quedado para relajarte un rato.

Las dos personas siguen con su crítica y su juicio. Piensas en si no tienen nada más constructivo de lo que hablar. No te gustaría ser esa tercera persona, pero tampoco te gustaría ser como estas dos personas a las que les gusta hablar de los demás. Haces una reflexión inmediata. ¿Tú no inviertes ni un momento de tu día en criticar o juzgar a alguien? ¿Acaso esas personas te están mostrando una parte de ti que aún alimentas, aunque sea con menor intensidad? Ya sabemos lo peligroso que es entrar en el mundo de los juicios, las opiniones y las críticas. Eso nos da demasiado poder respecto al ser criticado, nos hace sentir mejores que él. Pero sabemos que, por ley justiciera, en algún que otro momento nos veremos sometidos a juicios y críticas por parte de otros.

La libertad

El chamán, cuya voz aún no has oído (deduces que es mudo), te hace entender que te quedes unos días. Sí, aquí se está bien y hay una perspectiva fantástica del paisaje. La selva, desde aquí, ¡no lo parece! Incluso es como si no existiera el tiempo. Todo es tan relativo...

Sigues al chamán a todas partes, aunque se mueve poco. La mayor parte del tiempo está sentado con los ojos cerrados u observando el paisaje. Y por cortesía, haces lo mismo que él.

En una de estas sentadas que fija la mirada hacia abajo, en dirección a un pequeño río. Hay dos cocodrilos que se pelean. Desconoces el motivo. Probablemente se estarán disputando alguna presa o marcando territorio que creen de su propiedad. Hay otros animales cerca que, aunque no participan en la pelea, aportan algún que otro aullido (quién sabe si para "animar u opinar, metiendo cizaña en el asunto"). La cosa va cambiando de tono y un cocodrilo acorrala al otro, sin dejarle escapatoria. Los "espectadores" se calientan y van entrando en el duelo, incorporando más energía. Se va definiendo el líder, que debilita al acorralado. Le quedan pocas posibilidades. Aún tiene la posibilidad de huir pero, si pudiera, seguro que acabaría con todos y con el griterío. ¿Qué debe sentir ahora? Sigue aguantando. Tiene mucha fuerza. Los otros siguen alrededor y van aumentando de número. Lo tienen muy enfadado. Desde aquí parece la escena de una película de verdad. Pero para ellos es una vivencia en primera persona. El acorralado tiene pocas posibilidades. ¡Pobre, quizás hasta ha olvidado por qué está peleando! Se te nubla la vista de tanto fijarte en ellos. Casi ni parpadeas. Empiezas a sentir un pequeño mareo. Y, lentamente, los animales van tomando forma humana, cambiando sus pieles por ropas y por caras que vas reconociendo. ¡Hasta estás tú! ¡Sí!

Tiemblas.

Eres el acorralado... Las figuras siguen escenificando una situación en la que se resalta tu condición de víctima. Más o menos lo vas llevando con dignidad pero es obvio que te sientes incómodo y que sufres. Van apareciendo más personajes que, si en un primer momento parece que pueden serte favorables, pasado un rato simplemente están allí, como uno más dentro del problema. Estas figuras no se expresan con palabras. Siguen con el lenguaje de los animales, lo que hace que la imagen sea muy plástica y reveladora: es la imagen de tu vida antes de llegar a la selva.

Estás en medio de problemas que quieres resolver y no sabes cómo, y con personas que tienen más poder que tú (o eso es lo que tú piensas). Consecuentemente, adoptas un papel secundario, de víctima. Intentas encajar, buscar soluciones, pero al final siempre acabas cediendo el poder a los demás.

Revives la situación. ¿Recuerdas que tu vida te parecía lejana? Pues sigue contigo. ¡Desde aquí pareces tan poca cosa! Es curioso. En medio de esta selva, de esta inmensidad y de lo que debería ser una libertad total, te sientes más prisionero que nunca. No importa el entorno. Te das cuenta de ello. Pese a la enorme fuerza que tienes dentro, a tu espíritu de justicia, a tu verdad, tu poder es de los demás.

Vives en una burbuja.

La realidad

Cuando nos hallamos en una situación problemática sin aparente salida y somos testigos de que cada vez se agrava más, podemos quedarnos atrapados en esa energía. Literalmente atrapados, prisioneros, bloqueados, sin saber qué hacer ni cómo hacerlo. Quizás tomamos alguna medida, pero en breve nos damos cuenta de que no ha servido de nada. El problema se va haciendo cada vez más grande. Y con ello nos desesperamos, nos evadimos. Cualquier decisión que tomemos siempre estará condicionada por la situación y por las consecuencias de las decisiones que toman los demás. Estos momentos conllevan angustia, desespero, dolor, desorientación. Es entonces cuando debemos darnos cuenta de que somos esclavos de la situación, de que somos sus prisioneros. Hemos perdido el control de nuestra vida pues, si lo tuviésemos, no viviríamos gratuitamente estas emociones negativas.

No vale pensar en todo lo que hemos hecho por los demás y acusarles de cómo nos corresponden ahora. Siempre que hacemos algo por alguien es desde la libertad, desinteresadamente, sin pensar que en algún momento nos van a compensar de cualquier manera.

Si alguna vez decidimos mal y dimos nuestro poder a alguien o a más gente, ahora es tiempo de la reconquista. No es fácil, pues los demás se han habituado a actuar por nosotros y esto les hace más grandes, les da más control sobre nosotros. Y a nadie le gusta perder campo ni rango.

Cada persona debe manejar su propia vida, mejor o peor, pero no debe ceder el control o el poder de la misma a nadie.

¡Súper vivencia!

¿Qué hacer, pues? La respuesta es contundente: saltar al abismo. Arriesgarse. Confiar. Tomar otra perspectiva. Salir de la burbuja y ver el problema objetivamente, desde fuera, como si fuese una escena en la que se interpreta perfectamente nuestra situación.

¿Qué vemos? ¿Quién se ve afectado? ¿Qué siente la persona que nos interpreta? ¿Qué es lo que realmente desearía hacer?

Entonces, debemos **tomar el camino de la libertad**.

Esta es la acción: la libertad, dejando de lado los miedos, las responsabilidades, las experiencias...

Debemos preguntarnos: **¿qué decisión tomaríamos si nos sintiéramos libres?** Y una vez reconocida, tenemos que llevarla a cabo con todas las consecuencias. Sin pensar ni analizar más.

Ya no hay tiempo para ello.

Es tiempo de mover ficha desde nuestro deseo más profundo. De no hacerlo, seguiremos esclavos de esta situación, con el riesgo de que se eternice el problema o se desenvuelva de una manera poco favorable para nosotros. De no hacerlo, no habrá batallas pues ya está perdida de antemano.

Decidimos desde la libertad, no desde la condición. No es momento de lecciones ni castigos. No decidimos porque estamos heridos, decidimos porque es lo que deseamos: recuperar nuestra vida, haciéndonos respetar y enseñando a los demás que tenemos el derecho de hacer y pensar como queramos. Ellos hacen lo mismo. Es cuestión de igualdad.

Veamos un ejemplo.

Supongamos que está a punto de producirse una ruptura entre una pareja de novios. La relación va mal para uno de los dos y ya no se puede reconducir la situación. No es que esa persona se sienta traicionada o herida especialmente. Siente que hay que tomar caminos separados por el bien de los dos, por su propia evolución. Mejor ahora que más tarde.

No toma la decisión de dejarlo porque sí: puede ser que los dos miembros de la pareja sean incompatibles en algunos puntos de los que ya han hablado e intentado resolver.

Si esa persona tiene en cuenta todos los elementos que intervienen en una relación de pareja, quizás le sea más difícil tomar una resolución o la pospondrá para más adelante. Quizás las familias se llevan muy bien, o hay mucha complicidad entre los amigos comunes, o se piensa que las circunstancias no son favorables ahora pero puede que lo sean más adelante. Y luego está el dolor que haremos sufrir al que dejamos. "Es muy buena persona, no se lo merece... y hay un cariño inmenso hacia él". Con todo esto, la persona se va autoconvenciendo de que dejar la relación es un error y sigue viviendo el mismo tipo de vida con la misma persona y con los personajes que están involucrados en ella. Cree que esta ruptura desestabilizaría demasiado a mucha gente. Y esta decisión, tomada por muchos condicionantes, supone la prisión para esa persona, con un gran riesgo: la pérdida de identidad de uno mismo.

Uno decide más por los demás que por uno mismo. Y si entra en esta dinámica, acaba por olvidarse de quién es y qué ha venido a hacer aquí. Lo que realmente quiere esa persona es dejar la relación, pero le cuesta. Desde la libertad se preguntaría: ¿qué siento desde lo más profundo de mi ser? ¿Quiero seguir en esta relación? Entonces, solo queda actuar desde la libertad.

Ser honesto e íntegro con uno mismo es muy difícil, pero no imposible. Queda el quererse a uno mismo y el tener el suficiente valor para tomar el camino que uno cree más apropiado y que le acerque a su paz y bienestar. Hay que intentarlo. Hay que ser coherente con lo que uno siente de verdad. Es el camino a la reconquista de la propia vida.

Un miembro de la tribu ha fallecido

Han pasado unos días. Estás tranquilo, aunque tienes momentos en los que te abruma la preocupación por lo que has dejado atrás. Bueno, consideras esta parada técnica como unas vacaciones forzadas. De hecho, ¡las estás aprovechando! Sientes profundamente que vas a recuperar tu vida. Y empiezas a ver las cosas desde otro ángulo mucho mayor, con aire fresco. Te das cuenta de que, en realidad, todo es muy relativo.

Sopla una brisa intensa. El chamán la siente, la respira, con los ojos cerrados, como si la entendiera. De repente, coge su bastón y su bolsa de piel y te insta a coger la mochila para bajar la montaña. Pesa bastante menos: aunque no has sacado ninguna piedra, algunas han reducido su tamaño. Esto es señal de que vas bien.

¡Progresas! ¡Estupendo!

En unas horas llegáis a un poblado en el que hay bastante agitación. Parece que estaban esperando al chamán, que es conducido hasta una cabaña. Un hombre de avanzada edad está tendido en el lecho, con aspecto grave. Parece dormido. Está rodeado de muchos miembros de la tribu que, con absoluto respeto y silencio, le hacen compañía.

El chamán se acomoda al lado del hombre y le pone su mano en el pecho. El enfermo abre los ojos para ver quién ha llegado, pero enseguida los vuelve a cerrar. Y por primera vez en todos estos días, ¡oyes la voz del chamán, tierna, cálida y serena, dirigiéndose al enfermo!

No espera respuesta alguna. Simplemente, con paciencia, le va hablando, repitiéndole palabras que, a tus oídos, parecen una canción de cuna. Pasa mucho rato así; no puedes calcular cuánto. Hasta que, finalmente, el enfermo deja de respirar. El chamán sigue hablando: esta vez parece que recita una oración. Los presentes asienten y acompañan estas palabras. No hay llantos. No hay lamentos ni escenas dramáticas. Solo un respeto total y absoluto.

Al día siguiente entierran al hombre en medio de un respetuoso silencio que se corta de vez en cuando por las oraciones que entonan. Y durante dos días más, la escena no cambia de lugar. Siempre hay uno o dos miembros de la tribu al lado de la fosa, hablando y rezando. Todos han pasado a darle un adiós.

Te estremece el sentimiento de respeto envuelto en una gran naturalidad con el que viven este momento.

Al tercer día, el poblado recupera la rutina. El chamán se acerca a ti para hablarte. ¡Y lo hace en tu idioma! Es curioso, aunque ya nada te sorprende en esta selva.

Siente que tienes miedo. Que tienes preguntas acerca de la muerte. Te comenta que si vieras y sintieras de dónde venimos, no tendrías este miedo, pero entiende que la información que tienes sobre la muerte forma parte de tu nivel de consciencia y de tu cultura. Te cuenta que ellos simplemente saben que el hombre que acaba de fallecer ha dejado su cuerpo aquí para seguir su camino en otro nivel energético en el que no lo necesitará. Es su esencia la que se ha ido. Su espíritu.

No están tristes, porque él sigue presente en sus vidas. Te explica que estos días has visto cómo la tribu habla a un alma cuando abandona su cuerpo. La animan para que todo vaya bien, para que se reúna con los seres que partieron antes, para desearle que su nueva vida esté llena de paz, amor y luz, y para que, sobre todo, siga aprendiendo y mejorando. No hay que temer a la muerte, insiste. Solo es un concepto, un proceso. Te dice que su cultura les hace vivir esta experiencia como un cambio de decorado en el que es básico seguir evolucionando, puesto que somos almas o seres en evolución. Cuando el alma deja el cuerpo, se convierte en espíritu y se va a otro lugar para seguir su camino.

Sienten que simplemente hemos venido aquí para vivir una experiencia humana, pero que nos olvidamos de ello en el momento de nacer. Y que esta vida sirve para recordar, mediante las experiencias que vivimos, nuestro gran poder para crear cosas, para amar incondicionalmente, para compartir, para ayudar a los demás.

Ellos piensan que el problema de otras culturas es que, con tantas responsabilidades, problemas y objetivos confusos, deja de ser prioritaria la conexión con uno mismo y con la Vida o la Fuente.

En la selva lo tienen más fácil, pues disponen de mucho tiempo para los demás y para sí mismos, y sobre todo para honrar la naturaleza, que es la que les provee de todo lo que tienen. Son parte de ella. Pero honran profundamente a las personas como tú, de otras culturas, porque vuestro reto es mucho mayor: para conectar con vosotros mismos, debéis hacer malabarismos y luchar contra situaciones rocambolescas, y hacer equilibrios con vuestras "tribus", que son más grandes que las que hay en esta selva. Entiende que estáis en un hábitat no favorable para descubriros a vosotros mismos y que esto hace que vuestra vida pueda ser más pesada de lo que debería ser.

La vida es alegría en estado puro. La vida debe ser amor, que es lo que somos por naturaleza. No somos otra cosa sino amor. Pero la gente se olvida de ello. Las "tribus" de otras culturas se olvidan y no ayudan a sus miembros a recordar lo que son. Al contrario, les distraen con ideas de competencia, consumo, corrupción...

Sí, ellos tienen mucha suerte de estar en la selva.

Son unos privilegiados.

La realidad

Una de las pocas cosas seguras que los humanos sabemos acerca de nuestro futuro es que vamos a morir. No sabemos cuándo ni cómo ni dónde, pero sí sabemos que ocurrirá. Tenemos esta información desde siempre, pero... ¿sabemos sacarle provecho?

Más bien hay una tendencia a obviar esta parte de la vida. La afrontamos cuando perdemos a un ser querido o cercano, y luego volvemos a apartarla en un lugar recóndito de nuestro ser. ¿Por qué? Porque nos da miedo. Lo desconocido nos da miedo. Y sobre la muerte todo son suposiciones. Hay demasiadas preguntas que quedan sin respuesta, y luego está la creencia de cada persona: si cree que después de la muerte hay vida o, simplemente, todo se termina.

Hay temas sobre los cuales evitamos hablar, porque no estamos habituados, porque pensamos que podemos incomodar a alguien, para no remover sentimientos... Durante generaciones no se ha hablado abiertamente de la sexualidad ni de la muerte, dos temas que, precisamente debido a la falta de información y comunicación, provocan muchos bloqueos y problemas a muchas personas. Hoy en día, aun habiendo libertad de expresión y teniendo al alcance toda la información a través de la red, siguen siendo cuestiones de las que no se habla o que no surgen de manera espontánea. Aunque, por ejemplo, ya en las escuelas hay una discreta educación sobre la sexualidad, en las familias todavía no se ha llegado al punto de hablar sobre ella abierta y naturalmente. Forma parte de una intimidad que no nos permitimos compartir.

En cuanto a la muerte, a pesar de que la sociedad avanza, sigue sin haber suficiente información sobre ella, en el sentido de que no nos preparamos para el momento en el que tengamos que afrontar una pérdida. Seguimos sin tener educación sobre cómo vivir estas situaciones tan duras. Las afrontamos y las capeamos sobre la marcha cuando llega el momento.

Y luego volvemos a aparcar el tema. De todos modos, puede que al estar tan cerca de un dolor tan inmenso se nos despierte la curiosidad por hallar una verdad que nos proporcione paz mental y espiritual.

Si somos honestos, reconoceremos que tenemos la necesidad vital de sentir y saber que la persona que se ha ido está en paz y bien, mientras que nosotros tendremos que aprender a vivir sin el ser querido. ¿Podemos ayudarle en algo? ¿Podemos seguir con nuestra vida con esta gran ausencia?

La muerte es una fase más de la vida del hombre, muy importante, de la que no estamos suficientemente preparados.

Y, mientras, la vida sigue…

¡Súper vivencia!

Cuando perdemos a un ser querido, es vital vivir el duelo de forma adecuada. Bloquear la tristeza, la rabia o la impotencia, reprimir el llanto, solo serán la semilla de una futura enfermedad, pues estamos exponiendo el cuerpo a un estrés emocional importante. Y esta emoción, si no sale, se asentará en alguna parte del cuerpo hasta que decidamos soltarla, por el bien de nuestra salud. Por eso es tan importante que las personas hablen, que los niños que han perdido a sus abuelos o padres o hermanos puedan hablar y preguntar abiertamente.

No debe quedar trauma alguno.

Si durante la vida sentimos que la Fuente, que el Universo, que Dios nos guía, nos inspira, nos cuida y marca los caminos que debemos seguir, nada tiene que cambiar cuando la dejamos. Simplemente, dejamos la vida en la tierra y la seguimos en otro plano, en otra vibración, con los seres que se fueron antes que nosotros. La evolución de cada ser continúa. La Fuente, el Universo, Dios nos sigue guiando en la nueva fase.

Por esta misma razón, debemos invertir un tiempo en sentir qué estamos haciendo aquí y ahora, qué planes existen para nosotros. Estamos aquí para crecer, para aportar algo muy concreto a nuestro entorno y a los demás, y cuando finalice la misión dejaremos nuestro cuerpo y el alma seguirá su camino.

Con esta misma idea, si al perder a un ser querido y a pesar del vacío natural que nos deja, sabemos que este es su proceso, que su misión ha terminado, podremos soltar los lazos energéticos que nos unen a él más fácilmente. Honraremos su vida, le estaremos agradecidos por haber compartido experiencias y le desearemos lo mejor en su nueva etapa.

¡Ayuda!

Puedes encontrar más información sobre estos procesos en el manual "Máster en la selva" que encontrarás al final del libro (página 107).

El sexto sentido... ¡en acción!

El chamán se despide de ti diciéndote que te puedes quedar en el poblado, si es tu deseo, hasta que sepas cómo volver a tu vida. Aquí entenderás más cosas que te serán de ayuda. Le agradeces el tiempo compartido y lo ves marchar acompañado de los niños, que, entre saltos y muestras de alegría, le desean un pronto retorno.

Y aquí estás, en otro ambiente, con gente que no te conoce pero que te resulta muy familiar. ¡Qué suerte tienes! Esta selva es muy especial. De momento, nada de caníbales ni hogueras para quemarte. Mejor. Pero empiezas a sentirte un poco nómada, yendo de aquí para allá. Sientes deseos de volver a casa, de recuperar tu vida y empezar de cero.

Este poblado es mayor que el anterior, hay más familias. Te integras más fácilmente puesto que algunos de sus miembros hablan un poco tu idioma. Aquí también hay un jefe de la tribu. Pero más que un jefe, te parece un maestro, pues siempre está ayudando y aconsejando a los demás.

Todo transcurre con tranquilidad.

Pasados unos días aparecen en el poblado unos hombres que van de cacería. Hablan tu idioma, ¡son de tu país! Te alegras de ver a compatriotas, aunque hay algo en ellos que no te gusta. No sabes qué es... Es raro, porque nunca antes has estado a la defensiva cuando has conocido a alguien. Simplemente entraba en tu vida y salía cuando tenía que hacerlo.

Vivir en la selva te está sensibilizando. Tanto silencio te obliga a sentir. Al fin y al cabo, es lo natural, ¿no? Crees que el tema va por ahí.

Percibes que los hombres de la tribu, aunque son favorables a los extraños y les ofrecen agua y algún alimento, están deseando que se vayan. Hablas con los recién llegados y, aunque lo normal sería preguntarles dónde estás exactamente, simplemente te interesas por sus objetivos. Te confiesan que están de cacería. Dicen que esta zona está por explotar y quieren reconocer el terreno para ver qué pueden sacar de él. Te preguntan por tu situación y luego te ofrecen la posibilidad de que sigas con ellos hasta que terminen la expedición, pues toda ayuda es bien recibida al instante de cargar un arma y apuntar con éxito. En unos días vendrán a por ellos y podrías volver a tu casa. Calculan que no volverán a pasar por esta zona.

Aquí tienes la oportunidad de regresar.

Hablas con el jefe de la tribu y te dice que eres libre de decidir.

Es tu vida.

Dice que debes seguir tu camino cuándo y hacia dónde sientas, en caso de que este no sea tu lugar. Ellos no pueden opinar ni juzgar porque se trata de tu vida.

Y empiezas a valorar. Ir con esa gente supondría coger un arma, ser cómplice y testigo de sus actos. No seguirlos significa permanecer aquí, quién sabe durante cuánto tiempo.

No sabes si lograrías regresar por ti mismo. Ellos son tu oportunidad.

Tomas la mochila. Compruebas que pesa muy poco ya, pero aún quedan piedras dentro. Quizás si te quedas un poco más podrás descubrir cómo liberarte de ellas. Cada día que pasa aprendes y comprendes cosas de tu vida, de tu pasado, de tus actos, de todo lo que te ha hecho sufrir.

Los expedicionarios están a punto de partir.

Pero aquí te sientes protegido.

¿Qué debes hacer?

Y entonces te fijas en la etiqueta de la mochila que pone "En caso de emergencia avisar a...".

La realidad

La mayor tortura de una persona es no saber qué decidir. Aun teniendo perspectiva, podemos no sentir qué debemos hacer. ¿Qué es lo mejor? ¿Lo mejor para quién? ¿Para los demás, para todos?

Hay varias maneras de tomar una decisión. Y en ellas está la clave para salir del mar de dudas.

Si decidimos seguir como estamos, probablemente sea por el miedo al cambio, a lo desconocido, a posibles reacciones que no nos agraden, a exponernos de nuevo al dolor (por lo menos, donde estamos lo tenemos más o menos controlado; es algo relativamente seguro). Entonces decidimos (nos convencemos) que es mejor así. No sabemos si decidir otra cosa será mejor o no. Por lo tanto, seguimos en la casilla de la posada hasta que los vientos cambien o tengamos una nueva oportunidad para decidir. Entonces, ya se verá.

Esta es una postura respetable, pero está condicionada por el miedo.

En el fondo, ¿qué quisiéramos?

En el fondo deseamos, por encima de todo, un cambio que nos permita sentirnos mejor. Pero nos aterra que el futuro no sea como esperamos. Que sea peor que lo que tenemos ahora. Y así estamos enganchados a una energía que no nos permite decidir.

Pero hay una moraleja: de acuerdo, decidimos no decidir ahora, pero... más tarde tendremos que hacerlo. De eso no nos libramos. Solo hemos conseguido una tregua y, mientras dure, nos seguiremos torturando y preguntando si hemos hecho bien o no.

Una nueva tortura que surge de la decisión tomada desde el miedo.

¡Súper vivencia!

Una vez más, cuando la decisión se toma desde la libertad, en el camino se abre un sinfín de posibilidades y ayudas. No importa que la decisión sea quedarse igualmente, si esta se toma desde una libertad total y absoluta.

Sin miedos.

Desde lo más hondo de nuestro ser, deseamos quedarnos. Si nos equivocamos, podremos rectificar cuando queramos.

Y lo haremos sin miedo.

Disfrutamos de libre albedrío y, con todas las consecuencias, somos responsables de nuestros pensamientos, actos y decisiones. Nadie ni nada debe condicionarnos. Al decidir, debemos apartar el querer quedar bien, la educación o el protocolo. Lo que está en juego es nuestra integridad y nuestro sufrimiento, no el de los demás. Somos nosotros quienes arriesgamos.

Cuando la vida nos pone en una situación en la que debemos escoger entre A o B, quedamos totalmente expuestos. Entonces es cuando tenemos que recurrir a nuestros valores. ¿Somos coherentes con nosotros mismos? ¿Logramos ser asertivos y poner lo que sentimos encima la mesa a pesar de otras opiniones y reacciones? ¿Logramos decir "NO", opinar y actuar, defendiendo así nuestra integridad?

¿En esta situación somos nosotros mismos? ¿Somos auténticos?

¿Es una situación que sentimos natural?

¡Pues adelante!

Si por un momento imaginamos que tomamos la decisión que realmente deseamos, ¿cómo nos vemos? ¿Estamos felices de ver cómo se desarrolla la situación?

¡Pues adelante!

Aunque canse tomar decisiones y el pasado nos pese, eso no cuenta ahora. Ahora importa lo que decides usando tu consciencia de libertad.

Si estamos en el camino de la confianza, sentimos que la vida intenta comunicarse sutilmente con nosotros, aunque no entendamos lo que nos quiere decir. Estamos más atentos a nuestra intuición.

Todos poseemos este sexto sentido. En unas personas está más desarrollado que en otras, pero todos estamos dotados de intuición. Cuanta menos mente intervenga en una decisión, más cerca estaremos de sentir la decisión correcta, la solución. Si intuimos que ese es el camino, automáticamente nos sentiremos bien, con confianza, fuertes y esperanzados. Si sentimos dudas, es que el camino no va por ahí.

La intuición es como un soplo de aire fresco, como si la esperanza tomara cuerpo en una situación. Así, sin más. Es aliento en el camino que te dice que vas bien por aquí. Es la vida misma que te está ayudando.

Muchas veces prevemos un peligro, o intuimos que algo va mal. No sabemos cómo llegamos a esta sensación, pero así la sentimos. Y raramente nos equivocamos, pues de la misma manera podemos conectar con la intuición para que nos favorezca en la toma de decisiones. Nos dejaremos llevar así un poco por la magia de la Vida, que de una manera poco común nos enseña a conectar con su esencia.

¡Ayuda!

En el manual "Máster en la selva" que encontrarás al final del libro te proponemos unas pautas para relajarte, respirar y meditar (página 95), condiciones básicas para desarrollar la intuición.

¿Dónde empieza el amor?

Te has quedado. Seguro que habrá otra oportunidad de volver a casa y, si te quedas un poco más, es probable que sigas descubriendo cosas. Vale la pena aprovechar lo que la vida te ha traído. Sientes que la decisión es la correcta porque te sientes bien. Ya no tienes dudas. Te has sacado un peso de encima.

Pasan los días y en el poblado se preparan para celebrar el cambio de estación. Hay más actividad de lo habitual y se respira una alegría contagiosa. Todo está a punto para la fiesta. Celebran una ceremonia para agradecer a la Madre Tierra todo lo que les ofrece: alimentos, sabiduría, protección, agua... Se inclinan también ante el Padre Sol para agradecerle la energía, el poder y la sabiduría que de él reciben cada día. Se han pintado las caras, danzan al son de los tambores, comen, beben, ríen. Después hacen un poco de tertulia sentados alrededor del fuego, mientras toman infusiones o fuman.

No todos están en el círculo. Los niños juegan a sus anchas, hay adultos que hablan en otros corros, y algunos más siguen bailando y tocando. Tres o cuatro se acercan a ti y te piden que bailes con el grupo. Quieres resistirte, pues además de que no sabes moverte demasiado (y menos como ellos), estás un poco mareado. Quizás haya sido la infusión o el cigarro. Pero al instante ya estás con ellos moviéndote y dejándote llevar por el momento. Sabes que ellos no te juzgarán por lo mal que bailes. En fin... ¡A bailar!

Vas relajando tu cuerpo y conectando con el ritmo de los tambores. ¡Qué poder! Te vas soltando, moviendo piernas, brazos y cabeza sin demasiado control. Sientes mareo. No puedes parar. Estás sumergido totalmente en la música y los cantos. Es como si estos te recordaran la fuerza que tienes dentro. Te incitan a que saques tu fuerza.

Los sonidos de esta mágica percusión entran en tu ser, encuentran semillas de valentía, amor... y las sacan hacia fuera para que vean la luz y puedan crecer. Para que se desarrollen en todo su esplendor. Siempre han estado allí, en letargo, esperando el momento de ser reconocidas.

Te dejas llevar. Casi no ves nada y lo poco que ves está borroso. Solo oyes la música, las voces... ¡Estás en éxtasis total! Sientes tu cuerpo cada vez más libre. Y empiezas a cantar. Entonas sus cánticos. Les acompañas. Y te vas liberando. Sudas mucho. Bailas, saltas, giras y, en cada paso y salto que das, salen de ti partes que no son tuyas.

Cada palabra que pronuncias te libera de emociones que te han condicionado durante demasiado tiempo. Sientes que, con el canto, escupes veneno que circulaba dentro de ti disminuyendo tu potencial y ocultando tus dones. Y te vienen imágenes e intuiciones de lo que realmente eres.

Vas sospechando lo que es la libertad. Y sigues danzando. El ritmo se acelera y tú con él. Gritas, saltas. Ya no piensas. Solo eres. Te sientes libre. Por primera vez. Y de repente, los tambores paran y caes exhausto al suelo.

¡Sí! ¡La libertad! ¡El amor! Son la clave. Libertad ligada al respeto por lo que uno es, por el amor que uno siente hacia sí mismo y hacia los demás.

El respeto a la individualidad. Sin necesidades. Sin apegos.

Todo desde la libertad y el amor incondicional.

La realidad

La libertad. Tan fácil y tan difícil de vivir. Porque si no somos libres, somos esclavos: de lo que pensamos, de lo que hacemos y de lo que piensan y hacen los demás respecto a nosotros.

También podemos caer en el error de no permitir que los demás piensen y actúen por sí solos, por el afán de posesión, de control y de poder. Entonces somos vampiros. Y aun siendo vampiros, somos también esclavos de las víctimas, pues dependemos de ellas para incrementar nuestro ego y poder. Sin ellas, no crecemos.

El vampiro es el que quiere más solo para engordar su ego, su orgullo. Su energía se mueve únicamente por la necesidad. Hay muchos grados de vampirismo, puesto que uno puede serlo y no darse cuenta, o al contrario, ser muy consciente de que es un gran manipulador de personas más débiles y vulnerables: las va trabajando hasta que consigue que dependan de él e incluso que se sientan culpables ante cualquier intento de expresar su opinión.

Otra opción es estar en el lado opuesto, en el de las víctimas, dejando que nos manipulen y se aprovechen de nuestra energía. Permitir que nos priven de nuestra libertad. Entregar nuestra dignidad.

Al entregar la energía al vampiro, le entregamos una parte de nosotros. Y nos convertimos no solo en víctimas, sino también en adictos de dichos vampiros, pues necesitamos de ellos: les hemos entregado algo que nos pertenece y, hasta que no lo recuperemos, estaremos sometidos, e incluso estaremos dispuestos a cambiar nuestra manera de ser o comportarnos para agradarles más.

¡Súper vivencia!

Somos víctimas, o somos vampiros, o somos libres. No nos dejamos respetar, o no respetamos, o respetamos. La solución al dilema es **el amor.**

Si nos amamos y nos queremos a nosotros mismos, nos respetamos. Respetamos nuestra vida y de la misma manera respetamos la de los demás, pues reconocemos sus vidas, sus procesos y sus evoluciones. Al respetarnos ponemos las cartas sobre la mesa: dejamos claro que nuestra vida no es manipulable y que no pretendemos manipular la vida de otros.

Cuando queremos a una persona, ¿lo hacemos desde la necesidad o desde la libertad? ¿La queremos porque la necesitamos para vivir? ¿Podríamos vivir sin ella (por supuesto, puesto que hay suficiente aire para respirar para todos)? ¿La queremos porque nos supone una estabilidad de cualquier tipo? Querer y necesitar implican un grado de vampirismo o de adicción.

Si nos gusta una persona, física, mental y espiritualmente, la amamos. No la queremos. La amamos. Incondicionalmente. Por lo que es. La amamos desde el respeto por lo que es y desde la libertad. La amamos aunque decida no estar con nosotros, y respetamos que siga su camino (si fuera el caso contrario, nos gustaría que también nos respetaran). Nos costará más o menos superar su pérdida, pero lo aceptaremos y lo respetaremos.

Cuando estamos en pareja, si la amamos realmente es porque nos gusta todo de ella, aun reconociendo sus defectos y debilidades. A pesar de todo, la amamos. Somos lo que somos y la pareja es lo que es. Sin condiciones. Por lo que es; no por el afán de posesión.

Las personas con las que compartimos la vida (pareja, amigos, familia...) no son de nuestra propiedad. Cada persona es de sí misma. Y debemos respetar su individualidad.

Pongamos un ejemplo.

Veamos lo que ocurre con la educación y dedicación de los padres hacia los hijos. ¿Somos padres que apostamos por la libertad y la independencia de nuestros hijos, o necesitamos que ellos nos necesiten para que nuestra vida tenga más sentido? En este segundo caso, cuanto más dependientes de nosotros les hacemos, más útiles nos sentimos nosotros, aunque haya momentos en que nos enfademos por el exceso de trabajo que ello nos supone. Pero nos encanta que sigan siendo nuestros pequeños.

Hacemos de nuestro hijo un adicto a nosotros, sus padres, y nosotros nos convertimos en adictos a nuestro hijo, pues centramos toda nuestra vida en él.

La adicción camufla el conocimiento de uno mismo.

No hay más remedio que afrontar quiénes somos y qué hemos venido a hacer. Aunque lleve su tiempo, debemos recordar que somos seres completos y únicos y que no necesitamos a nadie para completarnos.

Lo somos todo.

El miedo solo surge si estamos desconectados de lo que somos.

Y el miedo no es real. Pero ata.

El amor es real. Y libera.

Tiempo de crear

Han pasado solo un par de días desde la noche del baile y te parece una eternidad. Ya no te cuestionas nada. Esto es de película. No sabes quién es el director pero, desde luego, se lo trabaja mucho. Desde que estás en la selva cada día te parece mágico. Estás expuesto a sorpresas y todas son positivas. Tú eres diferente. No sabes si mejor o peor, pero diferente a quien eras antes de llegar aquí. Te invade una sensación de despreocupación y confianza total. Aprendes que sólo puedes concentrarte aquí y ahora, y dar lo mejor de ti en cada minuto del día, en tu propio beneficio y en el de los demás. Las siguientes fases van llegando por sí solas.

Sales a caminar por los alrededores. Sueles ir acompañado, pues te da respeto el espesor y el misterio de la selva, con los rugidos de los animales que te sorprenden en el momento menos esperado. Pero hoy decides adentrarte solo. Una de las cosas que puedes afirmar es que te sientes totalmente protegido... ¡por la misma selva! Ni los animales salvajes, ni la gente de los poblados, ni el miedo que tenías, ni nada de lo que se cabría esperar de una selva, ha puesto en peligro tu vida. Al contrario. Parece que te protejan.

No sabes si es por la presión de estar en un lugar desconocido y misterioso, o por alguna otra cosa, pero en tu andar te has obligado a conectar con los cinco sentidos. Seguramente será para sobrevivir. La vista te permite percibir a corto, medio y largo espacio, y apreciar los colores extremos de la selva, desde el verde oscuro e intenso de las hojas, hasta los amarillos chillones de los pétalos de las flores salvajes. Y los absorbes: te bañas en esas tonalidades que cubren todo tu ser, proporcionándote paz.

Agudizas tu oído constantemente para definir de dónde proceden los sonidos de las aves, de los animales, y sientes el rumor de las hojas y follajes al contactar con tu cuerpo. El olfato te hace estar muy presente, te trae incluso recuerdos que no sabes de dónde vienen... Percibes la humedad de la tierra, el olor a resina, el aroma de las flores. Sientes tu peso al caminar sobre la tierra y las hojas que hay en ella, la aspereza o suavidad de las cañas, troncos, hojas enormes, piedras o plantas que vas tocando a tu paso. Bebes agua de un pequeño arroyo y te parece una bendición: fresca, limpia y natural. Y te sientes privilegiado.

Aun lejos de tu vida, sabes que estás viviendo, quizás conscientemente, por primera vez. Y en este momento, cuando estás inclinado bebiendo agua, sientes una enorme necesidad de agradecer lo que tienes y lo que eres.

La emoción de gratitud sale por todos tus sentidos y no sabes muy bien hacia dónde dirigirla. Y precisamente ahora, sientes muy cerca de ti... ¡a una serpiente enorme! ¡Qué oportuna! Se desliza sigilosamente a tu lado y no puedes hacer nada. La ves de reojo, se refleja en el agua. Cualquier movimiento puede ser fatal. La tienes a muy pocos centímetros y serpentea juguetona, retándote a que te incorpores. No oyes voces cercanas que puedan ayudarte y sacarte de aquí. Aunque se te agarrotan los músculos por el miedo, te mueves muy lentamente hasta poder sentarte en el suelo con la espalda recta y las piernas cruzadas. No puedes hacer nada más. Parece ser que a ella le ha gustado tu actitud y se acomoda a tu lado enroscándose en sí misma y sin dejar de mirarte fijamente a los ojos. Pasa el tiempo. Y te relajas. Respiras. Recuerdas las sentadas con el chamán en la cima de la montaña. Vas soltando los músculos y logrando una respiración que calme tu mente y aleje el pánico del primer momento. Sigues con tus sentidos conectados en el aquí y el ahora, lo que te permite no pensar. Y respiras hasta fundirte con la selva. Formas parte de ella, de la tierra, del aire, del agua, de los seres. Y entiendes.

Comprendes que hay una energía mayor, inteligente, que coordina y organiza todo lo que hay a tu alrededor desde siempre y para siempre. Una fuerza que te protege y te anima a que veas los caminos que pone ante ti. Y te rindes ante ella.

Te rindes humildemente a la gran Energía Universal que todo lo puede. Te entregas a esta inmensidad que ya sospechabas que existía pero que no reconocías por tu ego. Le entregas tu vida para que se muestre a través de ti, con todas tus imperfecciones. Entiendes que estás despertando de un letargo que te ha mantenido apartado de tu esencia, de lo que realmente eres. Porque eres la vida misma. Eres individual y único, pero formando parte de todo, de los seres animados e inanimados. Y agradeces desde lo más profundo de ti este renacer, esta transformación que te da paso a una nueva vida, a la vida.

Y sientes que no es tu mente la que está agradeciendo. Es una fuerza mucho más grande y poderosa, llena de amor, paz y luz. Estás reconociendo a tu alma. Y te emocionas.

Son lágrimas de luz que surgen espontáneamente por la alegría de empezar a recordar. Sabes que tienes ante ti una vida nueva. Dejas atrás lo que creías que eras y das paso al tesoro que llevas dentro y que has ocultado durante tanto tiempo con tu mente y con el orgullo. Las piedras que quedan en tu mochila las pondrás en el río, para que el agua las esculpa y las suavice, y para que cuando las veas no olvides que, gracias a cada una de ellas, hoy eres lo que eres.

Agradeces. Te entregas. Entiendes.

Reconoces a tu alma.

Das paso al tesoro que llevas dentro.

Y por primera vez en tu vida, y en medio de una gran soledad, sientes que estás acompañado.

La realidad

Cada crisis nos lleva a una transformación, nos guste o no. Queramos o no. Si nos resistimos a ella, alargamos la agonía y seguimos sufriendo. Pero si estamos predispuestos a aprender lo que trae oculto, evolucionamos y damos paso a nuevas experiencias, aunque no podamos evitar el dolor. De todos modos, este siempre vendrá acompañado de ayuda. Siempre. Solo hace falta reconocerla.

Con la simbología de la serpiente podemos comprender que somos una fuente de sabiduría pura. Y que para llegar a ella, solo tenemos que conectar con la energía que todo lo mueve, con la fuerza que nos da la vida cada segundo del día, con el Amor Infinito e Inteligente que quiere manifestarse a través de nosotros para que nos desarrollemos en todo nuestro esplendor, para que saquemos a la luz los dones que se nos han concedido y, con ello, hacer de este mundo, aquí y ahora, algo mejor para todos.

Podemos llamar o dirigirnos a esta fuerza como más naturalmente sintamos: Energía Inteligente, Energía Universal, Dios, la Fuente, el Universo. No debemos caer en el error de relacionarla con la religión. Nada tiene que ver. Pero si nos es más fácil llegar a ella a través de alguna cultura religiosa, podemos hacerlo, independientemente de cuál sea. El fin sigue siendo el mismo: conectar y sentir la Fuente como una fuerza que está en nosotros.

Gracias a cada una de las crisis personales que sufrimos, entendemos y reconocemos una lección, y es en ese reconocimiento cuando sale a la luz una parte de nosotros que estaba misteriosamente oculta.

De ahí la mutación de la piel de serpiente, que suelta y se despoja de la muda vieja para dar a luz a otra nueva con una gran fuerza interior. La piel vieja simboliza la vida que se deja, y a la que se permite morir para que dé paso a otra vida nueva, con más poder y sabiduría. En esa mutación interviene una comprensión y un despertar de la consciencia que nos hace evolucionar como personas y como almas.

¡Súper vivencia!

Para elevar el nivel de consciencia y seguir evolucionando, es básico que dediquemos un tiempo a la meditación, al silencio obligado de la mente para poder conectar con nuestra fuerza interior y, consecuentemente, con la Fuente.

Solo podemos acallar la mente relajándonos, y para relajarnos con éxito debemos saber respirar con consciencia. Cuando llevamos la respiración al pecho y luego a todo el cuerpo para que los músculos y órganos dejen de ser protagonistas, permitimos que la mente se vaya relajando poco a poco. Con paciencia debemos colocar los pensamientos que aparecen, uno a uno, en una nube imaginaria que se llevará el viento, pues ahora no es momento de atenderlos.

A medida que practicamos la meditación nos regalamos la oportunidad de estar más serenos y objetivos ente cualquier situación que se nos presente. Desarrollamos la intuición, lo que nos puede ser de utilidad en el momento de tomar decisiones. Permitimos que el oxígeno entre en todas las células y también favorecemos un sinfín de efectos secundarios positivos para la mente y el cuerpo. Pero lo más importante es la oportunidad que tenemos, cuando estamos en meditación, de conectar con nuestra sabiduría oculta, que todo lo sabe y a la que no podemos acceder de una manera más fácil a causa de la actividad mental. Por eso es tan importante practicarla, para ir dominando la mente y para que sea más fácil contactar con respuestas que nos ayuden a desenvolvernos en nuestro día a día.

Cuando estamos en una fase de cambios y transformación, normalmente nos sentimos emocionalmente revueltos. No sabemos muy bien qué nos sucede, pero estamos más sensibles, quizás desubicados, y entonces aparecen las dudas. Es normal no saber qué hacer con estos sentimientos, pero podemos afrontarlos y darles forma positiva reforzando algún deseo profundo que queramos conseguir.

Supongamos que no sabemos muy bien qué es lo que queremos. Quizás no tenemos claro lo que deseamos, pero en el fondo, como mínimo, todos queremos sentirnos bien y en paz. En paz mental y espiritual.

Entonces, es cuestión de empezar a crear este estado de paz y serenidad, mediante las visualizaciones.

Las visualizaciones nos sirven para reforzar cualquier aspecto de nosotros mismos que queramos potenciar o cualquier objetivo que queramos conseguir: mejorar una relación, estar en un trabajo en el que desarrollemos nuestra creatividad y estemos bien remunerados, viajar…

Es como soñar despiertos pero con consciencia. Es imaginar cómo queremos sentirnos al conseguir lo que deseamos. Es pre-vivir un momento del futuro en el aquí y el ahora, para ayudar a nuestro subconsciente a que nos lleve a esa realidad.

¡Ayuda!

Encontrarás un ejercicio de visualización en el manual "Máster en la selva" que encontrarás al final del libro (página 99).

Sin agua

Estás en el desierto. ¡Qué raro, porque hace un momento estabas en la selva! Andas desorientado. Sin agua. No sabes cuánto tiempo llevas deambulando entre las dunas, con el viento que te empapa los ojos de arena caliente.

No recuerdas nada anterior al desierto. Solo caminas, sin rumbo fijo, automáticamente, esperando encontrar en algún momento agua. Casi ni te sostienes del cansancio. No razonas bien.

El sol justiciero te quema la piel. La arena pesa. Te pesas a ti mismo. No hay nadie alrededor. ¡Qué tortura! ¿Hasta cuándo durará esto? Y sigues. La piel se te arruga y parece que esté pegada a tus huesos. Ya no tienes músculos de lo seco que estás.

A lo lejos ves cocoteros y aligeras el paso con la esperanza de encontrar agua. De repente los pierdes de vista. Te arrodillas y caes. Te arrastras unos metros más. No puedes quedarte bajo el sol, pero no hay nada con que cubrirte. Debes seguir.

¿Qué haces aquí? ¿Hacia dónde se supone que ibas? Quizás si tuvieses agua recordarías. O no. Esto no tiene sentido. No puedes llorar, ni gritar. No te quedan fuerzas y, sin embargo, algo te empuja a seguir como un gusano por la arena. Pero... esta agonía... ¿Por qué?

Te despiertas empapado en sudor. Estás en la cabaña de la selva, en el poblado que te acoge desde que te trajo el chamán. ¡Qué alivio! Sales corriendo a beber agua. Ahí está. Fresca, pura y limpia.

Te refresca, te devuelve la vida.

La realidad

Sin agua no podemos vivir, solo tres o cuatro días. Nuestro cuerpo se compone de un 70% de agua, ubicada en el interior de las células y en la sangre. Este porcentaje es muy elevado y nos debería hacer tomar consciencia de lo que somos. Apreciamos el agua pero seguramente no al nivel que deberíamos, y probablemente tampoco nos hidratamos correctamente. Esto sucede porque no nos ha faltado nunca. De una manera u otra y con una calidad u otra, siempre hemos tenido agua cerca.

Estamos de acuerdo en que, sin agua, no vivimos. El agua es la vida misma. Y a un nivel más profundo, simboliza los sentimientos.

Si en los sueños, por ejemplo, aparece agua, nos está mostrando una parte emocional que estamos viviendo en la vida real. Dependiendo del estado del agua, simboliza diferentes estados de ánimo.

Nuestra vida no está libre de emociones, al contrario: se caracteriza por la gran variedad que somos capaces de sentir. Y no deberíamos catalogarlas ni juzgarlas como buenas o malas. Son las que son.

Y las emociones están ligadas a nuestro Sentido de Vida.

Podemos estar bien, podemos estar conformes, podemos convencernos de que esto es lo que nos toca, podemos tener objetivos que cumplir. Pero nada tiene sentido si no hay un sentido de vida.

Si nos hallamos en un momento en el que debemos tomar decisiones importantes, el no tener un sentido de vida puede hacernos ir por el camino inadecuado. Cuando llegamos a un punto de inflexión, de límite emocional o de crisis existencial, es un buen momento para descubrir cuál es nuestro sentido de vida, qué es lo que queremos y para qué estamos aquí. Solemos tener avisos de que hay que encontrar el sentido de vida. Y están camuflados en cada obstáculo que vivimos, que nos invita a parar y sentir lo que realmente queremos.

El sentido de vida es la misión por la que estamos aquí y ahora. Todos y cada uno de nosotros lo tenemos, por insignificantes que nos sintamos. Aunque creamos que no tenemos nada que aportar a los demás.

Hay personas que descubren su sentido de vida muy pronto, de jovencitos, otros en la etapa adulta y otros en la madurez. Pero todos lo encontramos.

Cuando hay que afrontar un cambio o una situación que debemos tratar pero que tememos, si sabemos cuál es nuestro sentido de vida, tenemos otra perspectiva y actuamos más confiados. Nos podemos preguntar: ¿la situación está en consonancia con mis valores y con mi sentido de vida? ¿Me acerca al objetivo al que quiero llegar? Esto nos permite afrontar el cambio sin miedo, pues vemos una coherencia entre lo que somos y lo que hacemos.

Si hay miedo es porque no hay una buena sintonía entre nosotros y la situación que debemos solucionar.

Por otra parte, si sabemos que hay un sentido de vida para cada uno de nosotros pero aún no lo hemos descubierto, no importa. La vida nos pondrá en alguna posición en la que se nos invitará a descubrirlo. Solo hay que tener la confianza total y absoluta en la vida misma.

En la Fuente.

Todo lo que hemos vivido hasta ahora, aun no sabiendo que tendríamos que descubrir nuestro sentido de vida, ha servido para recordarnos quiénes somos y quiénes no somos. Qué es lo que queremos y qué es lo que no queremos.

¡Súper vivencia!

Ahora que ya sabemos cómo conseguir sacar las piedras de la mochila (lo que nos ayuda a conectar con nuestros sentimientos) y que nos hemos habituado a conectar con el aquí y el ahora acallando la mente, podemos adentrarnos en la aventura de detectar o descubrir cuál es nuestro sentido de vida.

Estar libres de condicionamientos y miedos y entrar en un estado de esperanza y aventura es importante para recordar nuestros dones. Porque todos hemos nacido con dones: algunos están escondidos y otros se van desarrollando poco a poco.

Una manera fácil de empezar a descubrir cuál es nuestro sentido de vida puede ser dedicar un tiempo cada día a la escritura. No importa que no sepamos qué escribir ni cómo. Cuenta la intención de empezar a sacar de dentro cualquier charlatanería que pueda tener nuestra mente. Una primera intención al escribir es tirar de un hilo y sacar lo que realmente nos gustaría hacer. ¿Qué es lo que nos gustaría mucho hacer? Quizás nos podemos acordar de alguna situación de la infancia en la que nos sentíamos muy bien pintando o leyendo… y por aquí ir recordando y escribiendo hasta ver adónde llegamos.

Si la escritura queda descartada, podemos dedicar cada día un tiempo a escuchar una música con la que conectemos fácilmente. Nos tumbaremos cómodamente y dejaremos que la mente divague con la música.

Si la intención es encontrar algo que nos mueva, que nos ilusione, llegará. Siempre llega.

¡Las máscaras me asustan!

Pronto vas a tomar decisiones. Crees que es momento de volver a casa. No sabes cómo, pero es el momento. Recorres el poblado buscando al chamán (pues hoy está en el poblado) y lo encuentras sentado sobre una gran piedra, tallando madera. Está muy concentrado. Te acercas y te interesas por su obra. Dice que es un regalo para ti, puesto que sabe que tu partida está pronta. Te cuenta que te lo entregará para que no te olvides de lo que has venido a encontrar en la selva. ¡Desde luego que no lo olvidarás! ¡Te has encontrado a ti mismo! Y para que no te pierdas de nuevo o para que te encuentres pronto y más fácilmente en caso de que vuelvas a extraviarte, desea hacerte un regalo.

Seguís hablando un buen rato sobre todo lo que has aprendido, lo fuerte que estás y tus ganas de crear tu vida y empezar de cero. Has aprendido a escuchar. No existe el tiempo cuando conversáis. Siempre hay más mensajes detrás del mensaje inicial. El chamán habla mientras sigue afinando y limando la madera, dándole los últimos toques. Finalmente se levanta, te invita a que tú también lo hagas, y con esa manera tan ceremoniosa que lo caracteriza, te entrega la madera tallada.

Es una máscara.

Tu corazón pega un brinco.

¡La máscara se acopla a tu cara perfectamente!

Has visto muchas máscaras por el poblado pero no sabes muy bien lo que significan para ellos. Preguntas al chamán y te responde que para ellos deben significar lo mismo que para ti.

Esta máscara simboliza el ego, el orgullo de cada uno. Al alimentar el orgullo, llenamos nuestra mochila de piedras. Cuando usamos una personalidad que no va con nuestro ser nos alejamos de nuestro yo verdadero. Con la máscara ocultamos a nuestro ser, no dejamos que salga a la luz, con las consecuencias negativas que ello comporta. Por eso las máscaras que has visto –y la tuya– están elaboradas con madera de ébano, puesto que el color negro no permite que la luz pase a través de él, ni desde fuera hacia dentro, ni al revés.

El ego nos ayuda a sobrevivir en muchas situaciones, pero hay que saber controlarlo. De lo contrario, volvemos a entrar en una vida en la que no sabemos quién es quién y en la que nos domina el afán de grandeza y de protagonismo.

La realidad

¡Cuántas veces a lo largo del día usamos una máscara para no mostrarnos tal como somos! Incluso lo hacemos de una manera inconsciente. El orgullo domina nuestras palabras y nuestros actos delante de los demás, para sentirnos más importantes. Pero no es necesario. Ya somos importantes. Todos y cada uno de nosotros somos muy importantes.

Nos podemos encontrar diciendo "¡Yo no necesito aprender más!" o "¿Por qué tengo que cambiar yo? ¡Que cambien los demás!", o reconocer que, en una conversación, repetimos la palabra *yo* muchas veces. Otras veces no preguntamos por los demás y, sin embargo, nos gusta que se preocupen por nosotros. O nos convertimos en los protagonistas de cualquier situación sin permitir que todos participen de ella de una manera equilibrada. O solo pensamos en singular y no en plural (sin que esto tenga nada que ver con quererse a uno mismo ni con la autoestima). O seguimos sin olvidar y sin perdonar, alimentando el rencor. O esperamos que los demás vengan a nosotros. O recordamos públicamente todo lo que hemos hecho y conseguido, lo importantes que hemos sido, o lo importantes que queremos ser... Y así, podemos seguir mencionando un sinfín de momentos en los que, más que facilitar, nos ponemos las cosas más difíciles para ser mejores personas.

¡Súper vivencia!

Debemos ser conscientes y detectar cuándo sentimos la necesidad de tener razón, de sentirnos mejores y más importantes o especiales que los demás. Debemos detectar cuándo y con qué facilidad nos ofendemos. Ver cuántas veces pedimos disculpas solo por quedar bien y no porque lo sintamos realmente.

Ser orgullosos nos aleja de las personas que nos aman. Sentir que solo valen nuestras razones y nuestras verdades y no empatizar con los demás también nos aleja de ellos. Y en esa distancia nos privamos del cariño y amor que podría haber.

Aunque es difícil, podemos dominar el orgullo y evitar que nuestra vida esté dirigida por él.

Si queremos mejorar como personas, mejorar nuestras relaciones, nuestro entorno, tenemos que afrontar unas pequeñas reflexiones en nuestra vida cotidiana y analizar con la mayor frecuencia posible algunos de los siguientes comportamientos:

- Cuando estamos en pareja, o con la familia, o con los amigos, ¿tenemos la necesidad de sentirnos protagonistas en cualquier momento?
- ¿Cuántas veces nos interesamos primero por los demás? ¿O esperamos que sean ellos quienes siempre nos pregunten por nosotros?
- En una conversación, ¿dejamos que todos participen en la misma proporción de tiempo o acaparamos la atención de todos con nuestros argumentos?
- ¿Somos capaces de pedir disculpas ante una ofensa que hemos provocado? ¿Cuánto tiempo tardamos en disculparnos? ¿Sabemos cómo hacerlo? ¿O bien optamos porque las cosas se solucionen por sí solas?
- ¿Hablamos y pensamos en plural o solo en singular? ¿Prevalece lo que queremos hacer sin pensar ni sentir que vivimos rodeados de más gente?
- ¿Cuánto tiempo invertimos en compartir nuestro tiempo, nuestra compañía, nuestro amor?

Estas situaciones son solo algunos ejemplos de comportamientos en los que prima el ego. Y siempre hay un mensaje oculto.

¿Qué estamos reclamando? Nuestra actitud puede ser inconsciente pero es significativa. Es un lenguaje que habla por sí solo.

En el fondo, reclamamos Amor. El ego no quiere reconocer el Amor, la necesidad de Amor, pero nuestro comportamiento nos delata y lo reclama en grandes cantidades: un amor sincero, tierno y dulce. Nos hacemos los interesantes, los más fuertes, los más inteligentes... para llamar la atención de los demás y conseguir que nos den cariño y amor.

El Ego es la causa de que no haya más Amor en la vida.

¿Y qué sentido tiene la vida sin Amor?

La vida, sin Amor, deja de tener sentido.

Próxima parada: encontrar el objetivo

Estás a punto de partir. Y estás emocionado. Te despides de cada uno de los miembros de la tribu... y del chamán. Su mirada te transporta a todos los momentos vividos y a las mil posibilidades que se abren ante ti. Has tomado la decisión de salir de la selva y volver a tu vida, pero esta vez la dirigirás tú, aunque te equivoques.

Tu mochila está muy ligera. En ella llevas el manual de supervivencia, la brújula, la máscara que te ha regalado el chamán y unas pocas piedras de poco peso, con las que seguirás trabajando. Ahora ya sabes que cada una de ellas simboliza una experiencia que te ha marcado fuertemente y que debes entender por qué sigues cargando con algunas, aunque sean más pequeñas.

Revisas otra vez tu equipaje y sonríes. La etiqueta que pone "En caso de emergencia avisar a..." ¡está completa! Y el nombre que aparece... ¡es el tuyo! Sí, comprendes que tú eres tu mejor ayuda. Tú tienes muchas respuestas aunque no lo parezca. Y la Fuente está dentro de ti como una semilla, esperando a que la rieguen para poder crecer y desarrollarse.

Te sientes bien.

Desconoces el camino que debes tomar para volver a casa. Este es tu primer objetivo, el prioritario. Y hasta que no lo consigas, estarás concentrado en él. Después deberás empezar con otros objetivos destinados a crear una nueva vida que te identifique y te acerque a tu sentido de vida.

Preguntas al chamán cómo puedes lograr que el camino para llegar al objetivo sea más fácil. Tiene que entender que, aunque has aprendido mucho, sigues estando en un medio que no conoces. Se ríe. Te dice que sientas profundamente el momento de llegar a casa. Continuamente. Que te lo imagines en una pantalla mental. Te pide que, durante el camino, proyectes lo que quieres conseguir. Afirma que ya estás en casa. Y te dice que uses... ¡la brújula, que para eso sirve! ¡Es verdad!

Agradeces con la mano en el corazón estos días.

No tienes palabras.

Respiras profundamente y con confianza te pones en marcha.

Será mejor coger la brújula para ver hacia dónde ir.

¡Vaya! Solo indica dos direcciones: el norte, marcado con un corazón rojo, y el sur, en el que pone "¡Estás aquí!".

Ya nada te sorprende. Y sigues andando, hacia tu objetivo.

La realidad

Cuando nos marcamos un objetivo, el que consideramos que es prioritario en nuestra vida (pues nos hará sentir un poco mejor), debemos caminar hacia él, cada día, aunque solo demos un pequeño paso. Las dudas no deben entrar en escena: ya nos hemos sacado muchas piedras que nos condicionaban y no nos permitían actuar con libertad.

Ahora estamos aquí y queremos llegar allá. La aguja que nos marca la dirección nos muestra y recuerda constantemente que el norte simboliza el camino recto que hay que seguir. Si actuamos con coherencia con nuestros valores y con las decisiones tomadas, no habrá desvíos.

Este camino, en el que nos sentimos libres y disfrutamos, es la felicidad. Se presentarán situaciones que nos harán dudar, trenes a los que subir o dejar pasar... Para descubrir si forman parte de nuestro camino, solo deberemos estar atentos al norte de la brújula. ¿Esa oportunidad nos aleja del objetivo o es una ayuda que nos trae la vida para llegar con más facilidad?

Somos libres de decidir. Tenemos libre albedrío. Nada ni nadie debe condicionarnos. Nada ni nadie nos obliga a decidir una cosa u otra (en tal caso sería una imposición y no una decisión). En nuestra vida entrarán personajes que estarán en otra frecuencia que la nuestra. Quizás en ellos habrá sombras de nuestro pasado que nos indicarán que hay coletillas aún por resolver.

¡Súper vivencia!

Sentir desde el corazón lo que queremos conseguir ya nos acerca a ello, por más difícil que parezca. Visualizar y recrear mentalmente que ya lo hemos conseguido ahuyenta las dudas y los miedos que puedan surgir.

Poner en armonía lo que pensamos con lo que sentimos y ser coherentes con nuestros actos hace que lleguemos más fácilmente.

Usar afirmaciones que nos sean cómodas y creíbles ayuda a que el puzle encaje con todas las piezas.

Caminar sintiendo Amor y Alegría durante el máximo de tiempo posible hace que vivamos la vida con sentido, con emoción, con confianza y que relativicemos los problemas que van surgiendo.

Hay que confiar. Y caminar.

La felicidad

En el andar nos rescatamos a nosotros mismos y encontramos las respuestas que nos ayudan a comprender la gran obra del Universo y qué hacemos aquí. Con la intención de mejorar y dar lo mejor de nosotros al mundo, se nos abren los caminos. Solo debemos estar atentos.

Difícilmente andamos sin mochila, pues además de llevar nuestras experiencias, en nuestro ADN hay parte de la carga de nuestros progenitores, abuelos, bisabuelos... La memoria celular también nos condiciona.

Debemos ser pacientes con nosotros mismos. Al fin y al cabo, estamos aprendiendo a vivir. No se nos ha enseñado qué hacer con nuestras emociones y nuestros primeros traumas. Y eso ha marcado nuestra vida de una manera u otra. Por ello hemos actuado, decidido o pensado de una manera poco favorable a nosotros. Nos hemos privado de ser auténticos.

Pero cada día, al levantarnos, tenemos una nueva oportunidad de empezar. De permitirnos sentirnos libres y felices. Esta es una decisión propia: al poner los pies en el suelo cada mañana, podemos decidir ser felices con lo que nos toque vivir y hacerlo de la manera más positiva y constructiva posible.

Ya en nuestra rutina, si estamos muy presentes en todo momento sacaremos lo mejor de nosotros para hacer que nuestro micromundo, que es el que importa de una manera inmediata, sea algo mejor. Aportaremos nuestra semilla para que nuestro espacio esté lo más aséptico posible de energías negativas. Colaboraremos para que nuestro entorno sea lo más armonioso posible, empezando por nosotros mismos.

Debemos cuidar nuestra mente, nuestro cuerpo y nuestros sentimientos. Que haya armonía entre ellos conlleva paz. Paz mental y espiritual.

Y cuando sentimos paz, sentimos felicidad.

La felicidad no es un objetivo. La felicidad es el camino. Es la tierra que pisamos cada día, en cada momento. Es cómo andamos. Es cada conversación con la pareja, los hijos, la familia, los amigos, los compañeros de trabajo, o un desconocido. Es cada acto cotidiano, como cocinar, leer, hacer deporte, trabajar o hablar.

Todo debe estar lleno de Alegría y Amor.

Simplemente. Sin más.

La gratitud

Nada tiene sentido si no agradecemos lo que somos y lo que tenemos. Aunque pensemos que nuestro entorno o circunstancias no están a nuestro favor, son las que nos toca vivir para nuestra evolución, aquí y ahora.

Posiblemente no comprendamos por qué debemos agradecer una situación que nos hace sufrir. Es normal. La respuesta: porque,, lamentablemente, la mayoría de las veces solo del dolor aprendemos la lección, y después de haber sufrido mucho, con el tiempo, con otra perspectiva y otra conciencia, nos damos cuenta de que, efectivamente, aquella experiencia que tanto nos marcó sirvió para aprender y para cambiar.

En el día a día disponemos de muchas ocasiones para ser agradecidos. Si tomamos el sendero de la gratitud como hábito, nuestro entorno se armoniza con esta energía y atraemos situaciones confortables que nos hacen sentir bien y estar en paz. Solo agradeciendo compensamos y equilibramos todo lo que recibimos. Es como una moneda de cambio.

Cuando agradecemos no solo lo hacemos a las personas que nos ayudan, ofrecen o aportan algo. Agradecemos al Universo, a la Fuente, a Dios. Damos las gracias por el milagro que se realiza cada día cuando nos levantamos y tenemos la oportunidad de vivir. Agradecemos sin condiciones.

Todo lo que tenemos alrededor, animado o inanimado, está en nuestra película, formando parte del decorado. Existe para nosotros. Aunque sea materia, también tiene energía (si bien es más densa y por eso no puede moverse) y un sentido. Desde una planta a un jarrón, todo lo que hay alrededor nuestro tiene vida propia, aunque no veamos su movimiento. Y está aquí por nosotros, para formar parte de lo que es el todo en nuestra vida.

Reconocer que todo lo que hacemos y tenemos tiene un sentido y un efecto nos permite estar más presentes y ser responsables de ello. Reconocer y agradecer que las personas que entran y salen de nuestras vidas han sido y son por algo hace que las respetemos mucho más. Las plantas, mascotas u objetos que tenemos alrededor no son menos importantes.

Todo es parte de la vida.

Y esta Vida que está en todo es la que tenemos que reconocer como un gran milagro.

Un milagro que se produce cada día, cada hora, cada segundo.

Máster en la selva

La respiración, la relajación, la meditación, el silencio y la visualización

El proceso de transmutación de emociones negativas en positivas

Emociones y hábitos básicos que hay que modificar

Cómo cerrar ciclos

Cómo afrontar una separación

Para matrícula de honor

Cómo crear armonía en nuestra vida

La respiración

Por fortuna no tenemos que preocuparnos demasiado por respirar (nuestro cuerpo lo hace automáticamente por nosotros), pero hacerlo con consciencia nos aporta muchos beneficios a nivel físico, mental y emocional.

Podemos habituarnos a respirar profundamente cada día, en el momento que más nos convenga. Con tres respiraciones profundas será suficiente para renovar el oxígeno y ayudar a que la mente se despeje.

- Para conseguir una buena respiración profunda y efectiva es necesario estar predispuestos: estar de pie o sentados de manera que la espalda quede completamente recta. Debemos recordar que, cuando respiramos a este nivel, conseguimos que el aire entrante, nuevo y puro, sustituya al que hay en ese momento en el cuerpo, cargado y denso.

- Al inspirar contamos hasta cuatro, permitiendo que el aire nuevo que entra por la nariz llene completamente nuestros pulmones (para lograrlo, mientras inspiramos visualizaremos que los pulmones se van llenando primero por la parte baja, y luego veremos cómo el aire cubre ya la parte media, hasta que finalmente llega hasta la parte más alta).

- Inmediatamente aguantamos el aire otros cuatro segundos más.

- Y procedemos a eliminarlo lentamente, contando también hasta cuatro. En esta ocasión imaginamos que el aire va bajando de nivel desde la parte alta del pulmón, pasando por la media y finalmente hasta la parte baja. Así conseguimos aguantar la espiración con más facilidad.

Con la práctica podemos ir aumentando los segundos, mejorando así nuestra capacidad pulmonar.

La relajación

La relajación es el estado en el que dejamos nuestro cuerpo sin ninguna tensión muscular. Es básico aprender a relajarnos e incorporar esta práctica a nuestra rutina, pues cuando nos relajamos permitimos que los órganos y sistemas de nuestro cuerpo descansen un rato y favorecemos que el oxígeno llegue efectivamente a todas sus partes, sangre y células incluidas.

- Para empezar procedemos a las tres reglamentarias respiraciones profundas, después de haber decidido en qué postura queremos relajarnos y cuándo lo haremos, procurando no ser molestados. Un buen momento del día puede ser antes de acostarnos, para entrar luego en un sueño reparador.

- Imaginamos un láser que sale de nuestra frente. Lo enfocamos a los dedos de nuestros pies y allí lo mantenemos hasta que empezamos a notar un hormigueo, como una corriente muy cálida y agradable. Al principio puede que nos cueste sentirlo, pero con la práctica cada vez lo lograremos mucho más deprisa. Cuando ya notamos el hormigueo, lo intensificamos con nuestra mente y dejamos que se vaya desplazando por el pie hasta llegar a los tobillos. Sentimos el recorrido de la corriente hasta ellos, y luego la subimos hasta las rodillas, y hasta las ingles y las caderas. Puede ser que en algún momento perdamos la sensación de hormigueo, pero solo nos ocurrirá las primeras veces. Luego conseguiremos relajar todo el cuerpo con mucha facilidad.
Allí por donde pasa la corriente, va relajando músculos, tendones, órganos... Visualizamos cómo nuestro cuerpo interno va perdiendo el tono y se relaja. Una vez llegados a la cadera, seguimos subiendo por la parte frontal del cuerpo, visualizando el aparato reproductor, digestivo y respiratorio y cómo, con sus órganos correspondientes, se van distendiendo. En este momento incluiremos el corazón, que también debe relajarse aunque siga con su actividad.
Al llegar a la clavícula bajaremos por los hombros y los brazos, hasta llegar a las manos y los dedos. Este es un buen momento para recuperar la sensación de hormigueo si la hemos perdido. Desde los dedos de las manos saltamos a la base de la columna vertebral y nos centramos en sentir allí la corriente, que iremos subiendo por todas las vértebras y músculos paravertebrales para que se vayan relajando, hasta llegar a la base del cráneo. Allí relajaremos toda la cabeza, el cuero cabelludo, el pelo, los músculos faciales, y dejaremos la boca entreabierta. Visualizaremos entonces que los conductos que conectan los ojos, los oídos, la nariz y la boca están libres y el aire circula libremente por ellos.

* Llegados a este punto, nos limitaremos a sentir cómo nuestro cuerpo físico está totalmente relajado, sin tensiones, con una respiración lenta y tranquila.

* Si tenemos que volver al trabajo o a nuestra actividad, lentamente moveremos los dedos de las manos y de los pies, giraremos suavemente la cabeza de un lado a otro, e iremos moviendo las piernas y los brazos, también lentamente, hasta que nos podamos incorporar. Si es hora de dormir, disfrutaremos de un sueño totalmente reparador.
Si disponemos de pocas horas para dormir, entrar en el descanso con una relajación es la mejor manera de aprovecharlas.

Este ejercicio, bien hecho, no conlleva más de cinco minutos, y su efecto dura muchas horas. También podemos practicar la relajación sentados, pero al empezar disfrutaremos mejor de sus efectos si la realizamos tumbados.

La meditación

La práctica de la meditación se ha atribuido desde siempre a unos pocos privilegiados capaces de dominar la mente y concentrarse fácilmente. Esto no deja de ser una leyenda urbana. Todos tenemos acceso a la meditación, pues hay muchas técnicas y cada persona, en su nivel, puede disfrutar de sus beneficios.

Para poder meditar es imprescindible que sepamos relajarnos muscularmente. De lo contrario, al intentarlo siempre habrá partes del cuerpo que nos molestarán, que seguirán trabajando al 100%.

Debemos reducir el nivel de actividad del cuerpo, órganos y sentidos para que nuestra mente esté lo más serena y tranquila posible. Así pues, solo habrá éxito en la meditación si nos relajamos bien antes.

Existen muchas técnicas y material para meditar. Solo tenemos que encontrar la manera más fácil para nosotros, la que nos atraiga. A continuación proponemos una de estas técnicas.

* Si necesitamos resolver un problema, tenemos dudas o estamos desorientados, entrar en meditación con una intención puede ayudarnos a encontrar y sentir las respuestas dentro de nosotros.

- Después de elegir una postura cómoda (es básico tener la espalda recta y es preferible si estamos sentados con las piernas cruzadas y las manos sobre los muslos), realizamos las tres respiraciones profundas, seguimos con una relajación y luego nos adentramos en la meditación en sí.

- Cuando terminamos de relajar el cuerpo, nos concentramos en nuestro pecho. La respiración debe ser natural, tranquila y pausada. Simplemente observamos qué hace nuestro pecho cuando respira: cómo se eleva, cómo entra y sale el aire, si hacemos ruido al respirar, cuál es nuestra velocidad... Solo somos observadores.

- Seguimos observando durante el máximo tiempo posible, es decir, meditamos, porque meditar es entrar en nuestra respiración. Observamos si hay pensamientos que surgen y, de ser así, los "colocamos" en una nube imaginaria y los dejamos ir. Ahora no es momento de atenderlos. Únicamente es momento para estar atentos a nuestra respiración.

- Para salir del estado de silencio y tranquilidad, conectamos poco a poco con nuestros cinco sentidos, con el espacio que nos rodea, los ruidos exteriores, nuestro cuerpo, nuestro volumen, nuestro peso, y hacemos una respiración profunda. Movemos lentamente los pies y las manos, abrimos los ojos, nos incorporamos y, con tranquilidad, regresamos a nuestra rutina.

Cada día podemos aumentar el tiempo de duración de la meditación, siempre y cuando nos sintamos cómodos al realizarla.

Con este ejercicio lograremos muchos beneficios a nivel físico, mental y emocional, e iremos armonizando poco a poco estos tres cuerpos, sintiéndonos cada vez más en paz.

El silencio

El silencio, en sí, es un estado de meditación y para ponerlo en práctica no es necesario que entremos en relajación ni que estemos tumbados o sentados. En aquellos momentos del día en los que estamos solos podemos aprovechar la oportunidad para estar en un estado de silencio efectivo.

Incluso si estamos realizando otras tareas, entrar en este espacio interno nos puede ser de mucha ayuda, si lo hacemos a un nivel consciente. Se trata de estar con nosotros mismos.

- Durante el estado de silencio podemos fijarnos en cada uno de nuestros pensamientos y ver qué efecto nos producen a nivel emocional. ¿Son pensamientos del pasado? ¿Son recuerdos que no nos dejan ser libres? ¿Son pensamientos de preocupación? No debemos darles demasiada importancia. Simplemente los recibimos y los dejamos ir. Tal como vienen se van, y son sustituidos por otros, y así sucesivamente.

Gracias a los momentos que dedicamos a nuestra interiorización, conseguimos estar más lúcidos, más alegres, más receptivos y desarrollamos la intuición. Durante este proceso estamos expuestos a recibir una lluvia de ideas, soluciones, respuestas..., y todo de una manera natural. Sentiremos que la solución es la que corresponde y es la mejor. Veremos que la idea es genial. Sentiremos posibilidades donde antes veíamos obstáculos.

Y todo, simplemente, por el hecho de conectar con nosotros mismos. Nosotros ya tenemos todas las respuestas que necesitamos. Solo debemos recordarlo.

La visualización

A la creación con consciencia de imágenes mentales se le llama *visualizar*. Es una técnica, muy fácil y eficaz, que se aplica como complemento y refuerzo de otros métodos que se destinan a saber cómo lograr un objetivo.

Hay mucho material al que recurrir sobre la visualización creativa, que consiste en recrear mentalmente las imágenes de lo que queremos sentir en un futuro. Para ponerla en práctica es importante dedicarle un tiempo, si bien no es necesario entrar en estado de meditación. Una muy buena opción es realizar previamente una relajación profunda, pero si no disponemos de tanto tiempo, adoptar una posición cómoda y tener la intención de trabajar con la mente serán suficientes.

Antes de empezar debemos saber qué queremos conseguir. Si no tenemos un objetivo claro, podemos empezar a practicar la visualización, por ejemplo, viéndonos en un futuro cercano, en nuestro entorno, felices, en paz y rodeados de amor. Vernos así significa que estamos en armonía, sin demasiados problemas, que nos sentimos realizados y que nos hallamos en el camino correcto.

- Para empezar el ejercicio respiraremos profundamente tres veces y entraremos directamente en la visualización.

- Imaginemos, por ejemplo, cómo queremos sentirnos dentro de un tiempo. Mentalmente creamos un espacio en el que nos veamos rodeados de la gente que queremos, y en el que sentimos que todos están contentos por nuestro estado de felicidad, suerte y éxito. Nos sentimos afortunados. Nos vemos sonriendo con mucha serenidad y paz interior. Nos sentiremos confiados y fuertes.

  Nos dejamos llevar por estas imágenes para intensificar nuestro sentimiento de alegría, amor y gratitud por la vida. Gozamos de todos los detalles: los colores son más intensos, las risas y sonrisas son un placer para nuestros oídos, y estamos más sensibles a todo lo que tenemos y tocamos alrededor, incluyendo a las personas que más queremos, a las que dedicaremos sonrisas y miradas cómplices de amor y gratitud por estar presentes en nuestra vida.

  Podemos llegar a un grado de emoción elevado: incluso pueden surgir lágrimas y puede acelerarse el latido de nuestro corazón. Mejor. Cuanto más realismo damos a la imagen, más eficaz y rápido será el resultado. No importa exagerar la situación en positivo.

  No es momento de juzgar si eso es posible o no. El cómo se conseguirá no es cosa nuestra: lo dejamos en manos de la Fuente. Solo debemos fijarnos en lo que queremos conseguir, en el resultado final.

- Sentiremos de una manera natural cuándo hay que dejar el ejercicio. Conectaremos con la realidad tranquilamente y, tras recuperar nuestra respiración normal, seguiremos con nuestra rutina, con una actitud de confianza total en el proceso. Nada de expectativas. Nada de esperas. Lo que tenga que venir, llegará en su justo momento.

La disciplina en estos cinco hábitos es básica para lograr resultados satisfactorios.

El proceso de transmutación de emociones negativas en positivas

Entre las emociones que nos hacen sufrir, la ira, la rabia, los celos, la violencia, la impotencia, la tristeza, el miedo y la agresividad son las más frecuentes. Estas emociones surgen de situaciones que no nos agradan, de reacciones de los demás que no esperamos, de no tener lo que queremos, de no estar conformes con lo que hay...; en definitiva, por no aceptar el presente, el momento actual, lo que es y lo que somos aquí y ahora.

Las "emociones negativas" nos indican que algo va mal. El estado natural que debemos sentir es paz, amor, alegría y felicidad. Todo lo que se aleja de esta temperatura de calidez y bienestar nos aleja de nosotros. Por tanto, sentir en negativo es una señal que nos da la vida para que hagamos algo al respecto, en lugar de aceptar esos sentimientos como algo natural.

Si cada vez que tenemos una emoción negativa no la cambiamos por otra positiva, volveremos a revivirla, cada vez con más fuerza y con su consecuente dolor.

Al proceso de cambio de emociones negativas por positivas se le denomina *transmutación de emociones*. Para realizarlo primero tenemos que reconocer que todo y todas las personas, incluidas las que no nos agradan, están para mostrarnos algo, son nuestros maestros. Este punto, aunque difícil de aceptar, es básico. Precisamente gracias a esas personas o a las situaciones que se dan en nuestra vida cuyo sentido no comprendemos, se nos brinda la oportunidad de analizar el motivo por el que se nos presentan, aquí y ahora.

Si pensamos que todo sucede para que aprendamos, el camino será más fácil. En este reconocimiento hay que llegar al punto de aceptar que lo que tenemos habitualmente alrededor es un reflejo de nuestro estado interno. Es parte de lo que somos, tanto de lo que nos gusta como de lo que nos hace sufrir. Debemos tener en cuenta que no importa cómo los demás vivan la misma situación (en la que también están involucrados). Lo que cuenta es cómo la vivimos nosotros.

Importa qué hacemos nosotros con lo que sentimos. Es inútil entrar en el querer demostrar que nuestra visión es la correcta, que tenemos razón. No sirve de nada.

Solo sirve querer aprender de la situación y dejar de sufrir.

- El primer paso para realizar la transmutación de emociones es agradecer, a la situación en sí o a la persona que ha ocasionado que la emoción negativa se active en nosotros, que nos haya brindado la oportunidad de liberarnos de ella.

- Si sentimos miedo, ira..., reconoceremos y abrazaremos la emoción sin intentar evitarla. La viviremos intensamente.

- Después la entregaremos al Universo, a la Vida, a la Fuente, para que nos la canjee por paz mental, por serenidad... o lo que queramos sentir prioritariamente.

- Agradeceremos de corazón el intercambio y confiaremos totalmente en el proceso.

El efecto de la transmutación de emociones es casi inmediato. No hay que preocuparse por nada. Esto no significa que con una vez que hagamos el ejercicio ya no vayamos a sentir de nuevo esa emoción, sino que será en menor intensidad. Ya no será necesario realizar el ejercicio con dicha emoción cuando una situación parecida no nos la remueva ni nos la active.

Hábitos básicos que hay que eliminar

Los juicios y las críticas
Entrar en la energía de los juicios y de las críticas implica que, en la medida en que lo hacemos con los demás, lo mismo puede ocurrir hacia nosotros. Si nos permitimos juzgar a alguien por un comportamiento, actitud, manera de hablar o cualquier detalle que no nos parezca apropiado, debemos considerar que la persona criticada es lo que es por lo que ha vivido, por su pasado, por las circunstancias, posibilidades y oportunidades que se han dado a su alrededor y, sobre todo, por su nivel de consciencia. Ante esta reflexión solo podemos reconocer que la persona en cuestión ha tenido el tipo de vida que le ha tocado, y que es lo que es por ello. Sin más.

¿Y si nosotros fuésemos esa persona? ¿Creemos que no actuaríamos de la misma manera estando en las mismas condiciones, y sintiendo y pensando lo mismo que ella?

Juzgar y criticar no conduce a nada. No soluciona nada. No cambia nada. Simplemente echamos más leña al fuego. Y podemos quemarnos.

Cuando juzgamos y criticamos nos suponemos mejores que la otra persona: con más capacidad, con más sabiduría o con más poder. Pero eso no cambia la situación ni nos convierte en mejores personas.

Reflexionemos: nosotros también podemos estar en situaciones de ser criticados o juzgados.

La energía que movemos al censurar la conducta de alguien es negativa y tiene un efecto *boomerang*. Recordemos que todo lo que mandamos vuelve a nosotros, para lo bueno y para lo malo. Y vuelve con más fuerza.

Incluso en nuestra sociedad y en los momentos tan críticos que transcurren alrededor, de nada sirve juzgar (aunque sí tenemos el derecho a la indignación). El tiempo siempre pone las cosas en su sitio, de la misma manera que van saliendo a la luz errores y malas acciones de terceras personas que han perjudicado a otras tantas.

Nuestro espacio vital es lo que importa. Nuestro espacio inmediato, nuestro micromundo, debe estar en paz y en armonía.

Lo que vibramos se extiende y se expande hacia las personas que tenemos alrededor, contagiándolas de nuestra felicidad y bienestar.

Hábitos básicos que hay que desarrollar y priorizar

El Amor, el respeto y el perdón

Estas energías nos posicionan en una zona del termómetro de las emociones en la que la temperatura es muy agradable, de paz, serenidad y confianza.

Saber perdonarnos a nosotros mismos es muy importante, es esencial. Nos damos cuenta de que no lo hemos sabido hacer mejor, que no sabíamos más y que evidentemente no queríamos sufrir ni hacer sufrir a un tercero. Perdonarnos es reconocernos como seres en crecimiento: nos amamos por lo que somos, con todo lo bueno y todo lo que aún está por mejorar.

Hoy no sabemos hacerlo mejor.

Respetarnos a nosotros mismos es reconocer quiénes somos, con toda nuestra humildad, pero sintiéndonos grandes. Si nos respetamos, somos capaces de reconocer en los demás sus vidas, individuales y únicas como la nuestra, y, por tanto, los respetamos profundamente. De igual manera, al emitir esta energía de respeto no podemos más que recibir respeto de los demás hacia nosotros.

El respeto está en todo: en el comportamiento general hacia nosotros mismos y hacia los demás, en el trato, en nuestra manera de hablar, en el interés que mostramos por todo... El respeto está envuelto de un protocolo natural de saber hacer y saber estar en todo momento y con cualquier persona.

En cuanto al Amor, no hay suficientes páginas en el mundo para hablar de él, pero sí se puede resumir en un gesto, una mirada, una acción.

Todo el dolor del mundo ha nacido de la falta de amor, de olvidarnos de que, por naturaleza, somos amor, y que por error hemos conectado con otras energías que nos han alejado de él. Pero estamos volviendo al amor. Así debe ser, puesto que ya somos amor.

Cada vez somos más conscientes de que lo que queremos sentir es paz, tranquilidad, alegría..., y en ello estamos.

Queremos amor en todo lo que nos rodea. Y no puede ser de otra manera porque ya somos amor (quizás estamos en una fase de letargo y no lo sacamos fuera).

Nos escudamos en otros problemas que creemos prioritarios cuando lo más urgente es sentir amor durante el máximo de tiempo posible y en todo lo que hacemos. En el trabajo, compartiendo el rato con los amigos, con la familia, con la pareja, con un grupo de gente, durante un concierto, mientras creamos algo... Quizás estamos más preocupados por la salud, por el dinero, por el trabajo, y nos olvidamos o nos convencemos de que ya habrá tiempo para amar.

No entendemos que es en la energía del amor donde se crean los milagros. Nos olvidamos de que, estando en el amor, fluyen las ideas, las respuestas, y se relativizan los problemas.

Si vivimos el amor, construimos. Si estamos fuera de él, nos paralizamos.

Si amamos, somos auténticos, libres, naturales. Somos pura alegría. Si estamos en otra energía, aunque estemos cómodos, las cosas fluyen con más dificultad.

¿Relacionamos el amor con la pareja? En efecto, este es un amor que nos ayuda a desarrollarnos en múltiples aspectos, por supuesto, pero el amor es mucho más que una relación de pareja. No pasamos toda nuestra vida en pareja. Hay etapas en las que estamos solos y no por eso dejamos de tener amor en nuestra vida.

Para dar lo mejor de nosotros y para ser amados, primero debemos saber amarnos a nosotros mismos. Solo si apreciamos nuestra belleza y reconocemos que somos amor, podremos verlo en los demás y, de una manera natural, nos permitiremos ser amados.

El amor es la vida misma.

Es nuestra vida sumada a la vida de las personas que tenemos cerca, más la de aquellos que están a media distancia, más la de los que están lejos, más la de aquellos a quienes no conocemos, más la de los que no han llegado aún, y más la de los que ya partieron. Esta suma hace que todo sea un milagro.

Un milagro, nuestro mundo, que existe y se sostiene gracias al Amor.

Cómo cerrar ciclos

Cuando un ciclo se termina (en clave de relación, trabajo, amistad...) es porque nuestro subconsciente nos dice que ya estamos preparados para el cambio. Aunque no lo creamos así, aunque nos resistamos. Nuestro nivel de consciencia está preparado para avanzar y aprender, y aprovecha o provoca un cambio para elevarse y desarrollar una nueva parte en nosotros.

Aceptar los cambios es difícil porque salimos de una rutina, de una "seguridad", pero si en lugar de resistirnos a ellos, fluimos en ellos, nos espera algo mucho más grande y mejor.

Para cerrar cada ciclo correctamente es importante hacerlo desde la humildad. Seguir técnicamente los pasos sin sentirlo desde el corazón no tiene efecto alguno.

El procedimiento es el siguiente:

* Debemos responsabilizarnos al 50% de lo que ha funcionado y de lo que no ha funcionado en la relación o situación.

 Esto significa que solo podemos responsabilizarnos de un 50% de todo lo ocurrido, tanto en positivo como en negativo. Nuestra parte, nuestra vida, es de nuestra propiedad y responsabilidad. Aportamos en todo lo que ha sucedido un 50%. No más.

 Dar más porcentaje de culpa al otro significa haberle dado poder para manipular, hacer y deshacer en nuestra parte. Es haber permitido que entrara en nuestro espacio vital. Y por todo ello, ya somos responsables en nuestra medida. Por otro lado, sentir que somos un 60% culpables de lo que ha ido mal es dar demasiado poder a la otra parte. Con ello no conseguimos nada. Y nuestra autoestima se ve afectada.

Debemos reconocer que no hemos sabido hacerlo mejor. Solo estamos preparados para asumir un 50% de todo, y debemos dar la oportunidad para que la otra persona implicada desarrolle su 50%. Los abusos, las dependencias, las faltas de respeto se dan cuando se traspasan estos porcentajes.

- Honramos la vida de la otra persona o situación, y respetamos que tiene su vida y su proceso.

  A pesar de lo vivido, debemos aceptar que cada persona tiene una velocidad de aprendizaje y un nivel de consciencia. Si se da una separación es porque la velocidad de aprendizaje de una de las dos partes es más rápida que la otra (es imposible frenar la evolución natural de la consciencia de una persona o situación).

  Reconocemos en el otro su vida, su situación, lo que es (por su pasado). Sentimos que nosotros, en su mismo lugar, con las mismas posibilidades, entorno y circunstancias, habríamos actuado de la misma manera. Este proceso también puede aplicarse, por ejemplo, a una situación laboral, ya que también tiene su energía y su sentido de vida.

- Agradecemos el tiempo compartido y el aprendizaje que ha conllevado la etapa en sí.

  Aunque consideremos (hoy) que esta experiencia ha sido negativa para nosotros, agradecemos que, gracias a ella, hemos despertado, hemos recuperado el control de nuestra vida y hemos tomado consciencia de quién somos, qué no somos, qué queremos y qué no queremos (muchas veces no sabemos qué es lo que queremos, pero sí sabemos lo que no queremos).

Podemos llevar a cabo el cierre del ciclo aplicando estos tres pasos de la manera que nos sea más natural: o bien escribiendo una carta desarrollando en detalle los puntos anteriores (no hace falta que la mandemos), o bien hablándolo directamente con la persona involucrada (siempre desde el respeto y el cariño), o bien meditando y sintiendo profundamente dichos pasos.

Cerrar ciclos nos libera y nos sana.

Cómo afrontar una separación

Casi todas las separaciones conllevan dolor porque hay lazos afectivos profundos. Las emociones que nacen de ellas son intensas, nos hacen sufrir y pueden durar mucho tiempo, a no ser que cerremos el ciclo y vivamos el duelo correctamente. No importa si la separación llega debido a la ruptura con la pareja, por la pérdida de un ser querido, por el distanciamiento en una gran amistad, o por la pérdida de nuestro animal de compañía... Cualquier situación de separación nos desubica.

En todos estos casos debemos aceptar la pérdida como parte de la vida, como parte de un ciclo que ha terminado y que nos permite reiniciar otro, en otro entorno y quizás con otras circunstancias.

Recordar quiénes somos y nuestro sentido de vida nos ayuda a retomar con fuerza nuestro camino.

Porque hay que seguir.

Si estamos a punto de perder a un ser querido por enfermedad, debemos procurar llevar el proceso de la manera más natural posible. Lo prioritario en este momento no son nuestros sentimientos, sino los de la persona enferma.

Aunque no tengamos experiencia en estas situaciones, sabemos que esa persona no debe sentir estrés mental ni emocional. Debemos ayudarla a minimizar sus miedos, instándola a que hable. Lo más importante es que sienta paz y tranquilidad. Que se sienta apoyada y querida.

Si siente que estamos serenos, esto la ayudará a relajarse y prepararse para cuando llegue el momento de irse. De lo contrario, se resistirá y querrá permanecer con nosotros más tiempo, lo que puede agravarle los dolores o desorientarla.

Dedicar un tiempo a despedirnos de ella con palabras de reconocimiento y de cariño, y hacerle saber cuánto la amamos, es muy enriquecedor para todas las partes.

Debemos aceptar que ha llegado su momento.

Tenemos que confiar en la Fuente, en Dios.

Es lo mejor para todos.

Aceptaremos, una vez más, la pérdida, y afrontaremos las emociones que salen a la luz.

Las viviremos sin miedo, plenamente, como parte de nuestro proceso para seguir adelante.

Para matrícula de honor

A menudo damos por normales muchas situaciones que, si bien vistas por otras personas pueden parecer surrealistas, para nosotros son normales. Las hemos llevado tanto tiempo a cuestas que hemos perdido el sentido de lo que es la armonía en nuestra vida. Otras tantas veces ocurre con las emociones que nos hacen sufrir. Las calificamos como "es lo que toca, no hay otra opción" y las soportamos hasta que supuestamente se dé un cambio.

Evidentemente, hay situaciones que hay que vivirlas para crecer, pero el cómo vivirlas es lo que hará que la situación pase de la manera más natural posible o que se convierta en un lastre, una piedra. Y todas las piedras que llevamos a cuestas, lo sabemos, pesan y son molestas.

Las principales situaciones contra las que luchamos "en nuestra selva" y que son susceptibles de convertirse en piedra son aquellas que nos hacen sufrir y a las que dedicamos una gran cantidad de energía, física, emocional y sobre todo mental. Si cuando han pasado, recordamos esas situaciones con amargura a pesar de la experiencia adquirida con ellas, esta será la señal de que esa época, esa etapa, se convirtió en piedra. Una piedra que aún cargamos. Si aquello nos sigue removiendo, nos sigue emocionando, nos sigue trayendo pensamientos de dolor, entonces es una superpiedra, que sigue engordando con el paso del tiempo. Mientras no la detectemos y reconozcamos, seguirá creciendo.

¿Cómo sabemos que llevamos piedras? Porque sufrimos

Con el dolor, existe el riesgo de que nosotros mismos nos convirtamos en piedra. Entramos a formar parte de un dolor vicioso, adictivo, que nos vuelve insensibles a cualquier reacción positiva. Todo lo vemos gris, del color de la piedra, y la situación es una carga, más que la piedra en sí. No vemos una posible salida. Y de haberla, la auguramos lejana.

¿Cómo sabemos si estamos incubando una piedra?
Porque sufrimos

Hay varios grados de dolor y cada persona tiene una capacidad diferente para soportarlo. Pero al fin y al cabo, es dolor.

Tenemos recursos para detectar si llevamos piedras y para evitar que la situación que vivimos, la incubemos en forma de piedra. Si interviene nuestro ego, este nos dificulta el reconocer que estamos actuando incorrectamente, ver lo que es normal y qué es lo que deberíamos hacer. Así, la prueba que nos dará la evidencia de que estamos incubando una piedra o que una piedra quiere ser expulsada siempre será el dolor, el malestar, la desarmonía, la tristeza, el desánimo, la depresión, la angustia, la enfermedad... Cualquier estado de ánimo que nos aleje de la paz y del bienestar.

Situaciones frecuentes que se convierten en piedra

* Aquellas en las que tenemos un lazo emocional y afectivo importante. Por ejemplo, la ruptura de una relación, la muerte de un ser querido, o una enfermedad.
* Las que desestabilizan nuestras estructuras dentro de la "tribu" y nos hacen cuestionar nuestro rol. Por ejemplo, la pérdida de empleo, tener un empleo poco remunerado e insatisfactorio, o una jubilación.
* Las que nos desgastan nuestra energía a todos los niveles (físico, mental y emocional). Por ejemplo, cargas familiares, el cuidado de personas enfermas, o el hecho de intentar que funcione una relación sí o sí.

Cualquier situación que nos saque de nuestra rutina, de nuestra controlada normalidad, nos desestabiliza. A veces sospechamos que una situación determinada va a terminar en desastre, pero otras veces llega de golpe, sin previo aviso. Controlamos la normalidad, pero salirnos de los parámetros de la rutina y la seguridad es un riesgo que no todos estamos dispuestos a vivir voluntariamente. Cuando no hay más remedio que hacerlo, llegan las angustias, los miedos, los porqués. Quedamos expuestos a lo que es y la no aceptación de la realidad hace que entremos en una vorágine de dolor y ansiedad que creemos que solo se puede solucionar logrando que la situación vuelva al estado original. Pero esto no es posible. No podemos ir hacia atrás, regresar a hace unas horas, ni siquiera a hace un minuto. Solo podemos estar aquí, ahora.

Ante todo esto, es obligado hacer una reflexión: las emociones surgidas de la pérdida de control de una situación nos confirman la poca o nula confianza que tenemos en la vida, en la Fuente, en el Universo, en Dios. Nos muestra que vivimos desde el ego, desde el control, desde nuestro raciocinio, desde nuestra verdad.

Todos pasamos por experiencias en las que perdemos a un ser querido. Todos pasamos épocas de más holgura económica que otras. Todos vivimos experiencias laborales que nos marcan y que sentimos humillantes, y otras en las que nos sentimos como pez en el agua. Todos tenemos relaciones más nutritivas y armoniosas que otras. Todos pasamos por alguna ruptura de pareja. Todos vivimos crisis existenciales en las que nos preguntamos qué hacemos aquí. En épocas diferentes y durante más o menos tiempo, todos vivimos las mismas experiencias. Y estas experiencias nos marcan, deben marcarnos para que reaccionemos. Para que aprovechemos la sacudida y rectifiquemos conductas, pensamientos o hábitos.

En caso de que no reaccionásemos, y aceptásemos la situación como "es lo que toca", las emociones no liberadas no podrían salir del todo de nuestro cuerpo y se quedarían viajando dentro de él hasta encontrar un lugar en el que acomodarse. Podría ser un órgano, una articulación, un sistema…, y la parte invadida por las emociones empezaría a quejarse. Con razón.

En este punto las emociones se habrían convertido en una enfermedad.

Cómo crear armonía en nuestra vida

Esto es lo que hay, aquí y ahora. No puedo luchar contra ello. Lo acepto. A Ti, Universo, te doy el control de la situación. Con fe. Con perdón. Con amor. Resuelve Tú esta situación en perfecto Orden Divino. Te lo ofrezco porque confío en Ti. Hágase Tu Voluntad, y no la mía.

Muéstrame el camino. Ayúdame a recordar quién soy.

Debo confiar en que se me ayuda a sentir los caminos correctos. Que me llegan las palabras de consuelo, las ideas, los amigos necesarios, la fuerza para superar una pérdida. Que se me abren puertas que ni siquiera había visto. Que surgen milagros de la situación más difícil que pueda vivir.

Confío, para permitir que todo esto ocurra.

Así que nada de enfados. Nada de luchas.

Acepto. Confío.

Confío en que esta experiencia está aquí para poder crecer y aprender. Para amar incondicionalmente. Para perdonar. Para liberarme de cargas y sustituirlas por Amor.

Simplemente.

La vida no es solo lo que nuestra mente piensa y controla. Es mucho más.

Cuanto más dejamos la mente de lado, más nos permitimos vivir pequeños milagros.

Y el milagro más grande es recordar quiénes somos.

Somos hijos del Universo. Somos Luz. Somos Amor.

PALABRAS QUE AYUDAN

Hace unos meses falleció mi padre. Soy lo que soy gracias a él. Y a mi madre, por supuesto, pero la relación que tuve con él hizo que yo me reafirmara en mi camino. Fue un buen maestro. El mejor. Y sigue siéndolo. Él ha sido la fuente de inspiración de este manual. Lo hemos hecho entre los dos.

Horas antes de fallecer aún pudo darnos sabios consejos dirigidos no solo a la familia y amigos, sino a todos los que quieran escucharlos.

Aquí quedan para compartir.

"La vida debe vivirse intensamente, con alegría, sin preocupaciones."

"El compromiso con el momento presente es lo que cuenta, sin pensar en el futuro, porque cuando el futuro llega, ya es hora de partir."

"Debemos vivir más en la naturaleza, respirarla, implicarnos en ella."

"Hay que hablar de Amor… Hay veces que las palabras no son necesarias, pero las palabras de amor no pueden faltar nunca. Hay que alabar el Amor."